La Enseñanza de Jesús en el Tíbet

De Oriente al Paraíso. Una guía a la felicidad

Gueshe Michael Roach
y
Lama Christie Mc Nally

Traducido por
Isidro Gordi y Marta Moll

Ediciones Amara. Ciutadella de Menorca

Publicado por vez primera en español en el 2008
por Ediciones Amara. Ciutadella de Menorca.

Título original: "The Eastern Path To Heaven. A Guide to
Hapiness from the teachings of Jesus in Tibet".

© de Gueshe Michael Roach y Lama Christie Mc Nally
© de esta traducción 2008 Isidro Gordi
© Diseño de la portada: Federica Mahieu

Impreso en España / Printed in Spain
Todos los derechos reservados.
Prohibida su reproducción total o parcial sin permiso del editor
o propietario del Copyright.

ISBN de la obra: 978-84-95094-30-8
Depósito legal: B. 35.089-2008
Romargraf, S.A.
L'Hospitalet de Llobregat

Puedan todos los que buscan
encontrar su propio y
verdadero sendero al Cielo.

Tabla de Contenido

Amor

Logro

1
El Valor para Tenerlo Todo

Jesús dijo:

"Pedid, y se os dará, buscad, y encontraréis,
llamad, y se os abrirá"

Tengamos el valor necesario para conseguir todo lo que esperamos de esta vida.

Hemos tratado de ser felices como niños. Y hemos fracasado.

Demasiado pronto hemos abandonado la esperanza de poder tenerlo todo.

Si alguien viene y nos muestra la manera de tenerlo todo, no es miedo de seguir su consejo lo que sentimos. Lo que nos asusta es la idea misma de hacer realidad nuestros deseos.

De modo que, en primer lugar, seamos valientes.

2
¿Qué Significa "Todo"?

Jesús dijo:

"Todo es posible"

No es necesario que nadie nos diga lo que podría hacernos felices. Lo sabemos desde que hemos nacido. Sabemos que no hemos venido a este mundo solo a comer, a trabajar y a morir.

Tenemos el derecho de estar sanos y fuertes. Tenemos el derecho de tener todo lo que necesitamos. Tenemos el derecho de encontrar el amor.

Y tenemos derechos todavía más elevados. Tenemos derecho a ser felices en cada momento, cada día. Tenemos derecho a liberarnos del miedo a la muerte. Tenemos derecho a ver cumplido nuestro verdadero destino: tenemos derecho a convertirnos en un ser que puede cuidar de todas las personas de este mundo.

Tomemos lo que es nuestro por derecho.

3
La Estrella de Oriente

Después de la muerte de Jesús, sus discípulos se reunieron en Jerusalén:

"Aparecieron lenguas de fuego que se posaron sobre cada una de sus cabezas, y ellos empezaron a hablar en todos los idiomas del mundo"

Así empezó Cristo la misión de los apóstoles. Pedro fue enviado a Occidente. Él puso los cimientos de las grandes iglesias que nos rodean, y sus hechos quedaron escritos sobre piedra.

Jesús envió a Tomás a Oriente a través de las rutas comerciales creadas y construidas por Alejandro Magno, que cruzaban Persia hasta la India. El tiempo y las guerras borraron sus huellas, como pisadas sobre la nieve. Pero, la sabiduría de Tomás penetró incluso las montañas del Tíbet, donde perduró protegida durante miles de años.

Cada discípulo, país e idioma han preservado para nosotros los diferentes semblantes de Jesús. La rama de Oriente de nuestra familia cristiana, perdida hace mucho tiempo, puede enseñarnos lo que ya tenemos.

Fuerza

4
La Llave de Cristo

Jesús dijo:

"No hay nadie ente vosotros que no vaya
a recibir ahora cien veces más.
Y, en el tiempo venidero, la vida eterna"

De modo que empezamos con algo pequeño y mundano. Enséñame como mantenerme sano y fuerte, y también bello.

Porque, si existe una llave del universo, debería servir para conseguir todos nuestros menesteres, tanto los inmediatos como los que son eternos.

Es decir, quizás este mundo y el mundo del más allá se hallan en el mismo lugar. Quizás ocurra que, perfeccionando mi pequeño mundo ahora, alcance un mundo eterno.

Tengamos el valor necesario para ver que la felicidad eterna empieza cuando conseguimos ser felices ahora.

5
La Verdadera Imagen

En el Monte, Dios le entregó a Moisés los Diez Mandamientos, el primero dice así:

"No te harás ningún ídolo"

Pero, ¿Qué nos quiso decir? Y, ¿Por qué es tan importante para nosotros?

En un sentido, somos absolutamente incapaces de forjar una imagen de lo divino. Cualquier intento será imperfecto y confuso. Como un niño tratando de dibujar el rostro de sus padres.

Pero, las imágenes también son imperfectas desde un punto de vista más profundo. Cuando diferentes personas miran un mismo objeto, todos ven algo ligeramente distinto. De modo que, ¿dónde está el objeto real? ¿Cuál es la verdadera imagen de Dios? Quizás resulta que, simplemente, ninguna imagen que seamos capaces de crear es la real. Quizás *esto mismo* sea la única imagen verdadera.

Sé paciente. Estas son cosas que es necesario saber. Si existe la llave del universo, debe ser algo en lo que no todavía no nos hemos parado a pensar.

6
Primero Fue el Verbo

Las primeras palabras del Evangelio de Juan dicen:

"En el principio era el Verbo"

¿Por qué todos vemos cosas diferentes cuando miramos el mismo objeto?

Miro una pintura, y veo algo hermoso. Tú miras la misma pintura, pero te resulta poco atractiva. Esto prueba que la belleza que yo veo no puede venir del cuadro. En consecuencia, debe venir de mí.

Cuando vimos un coche por primera vez, nuestra Madre nos enseñó una palabra para nombrarlo, "coche".

Pero tú *viste* un coche antes de saber como nombrarlo. Sabías dónde empezaba y terminaba su silueta. De algún modo, ya estaba dentro de ti. Era una imagen en tu mente: la verdadera palabra para nombrar "coche". Y *esta* palabra fue anterior.

Quizás el modo en que veo y siento mi cuerpo solo viene… de mí.

7
Cómo Empezó la Palabra

Jesús dijo:

> "Os prometo que un día
> Deberéis rendir cuentas
> Por cada palabra que hayáis pronunciado"

Las palabras-imágenes surgen de nuestro corazón y determinan cómo vemos el mundo. Pero ¿quién las puso en nuestras mentes por primera vez?

Tenemos una memoria funcional que nos permite acordarnos de comprar algo en el mercado de camino a casa, después del trabajo.

Y tenemos una memoria más profunda que graba todo lo que hemos hecho, dicho o pensado a lo largo de toda nuestra vida.

Camino por la hierba. Una mariposa descansa en el suelo. Retiró mi pie para no pisarla.

Esta amabilidad específica se introduce en mi memoria más profunda. Se queda allí y, lentamente, se convierte en una palabra, en una imagen. Y, más tarde, la imagen emerge haciéndome ver la belleza de una pintura.

8
Haz con los Demás

Jesús dijo:

> "Y como deseáis que hagan con vosotros
> los hombres, haced vosotros con ellos"

Así pues, la belleza que veo en una pintura viene de una imagen o semilla que yo mismo planté en mi propia mente, cuando procedí a ser amable con los demás.

Si quiero disfrutar de una buena vida, tener un cuerpo sano y fuerte, todo lo que debo hacer es plantar las semillas adecuadas en mi mente.

Obrando con los demás como quiero que los demás obren conmigo.

Tengamos el valor de afrontar la verdad: Solo podemos recibir aquello que damos.

9
El Guardián de mi Hermano

Caín le preguntó al Señor:

¿Hay alguna razón verosímil por la qué debería cuidar de los demás con el mismo afán con que cuido de mí mismo?

Si esta idea acerca de nuestra memoria profunda es valida, prestar atención a lo que otras personas necesitan es, sin lugar a dudas, lo más inteligente que podemos hacer.

Si estás enfermo y yo dejo mi vida ajetreada para cuidar de ti, habré contribuido a que mejore tu salud. Mientras me observo a mi mismo ocupándome de ti, se plantan nuevas semillas en mi memoria más profunda. Estas se convierten en palabras-imágenes que germinan, y experimento que mi propio cuerpo es más fuerte.

Cuando decido ser el guardián de mi hermano, estoy cuidando de ambos.

10
No Matarás

Dios dijo, y Jesús lo repitió:

"No matarás"

De modo que, a causa de nuestra memoria profunda, nos provocamos a nosotros mismos aquello que les hacemos a los demás.

Afirmamos que nuestro primer derecho en esta vida es gozar de un cuerpo fuerte y sano. Si mi cuerpo envejece, si padezco enfermedades, si me preocupa seguir siendo atractivo y mantenerme en forma, o deseo sentirme más lleno de energía, sólo hay un modo de conseguirlo: protegiendo la vida y la salud de los que me rodean.

¿Por qué una aspirina sirve de alivio a una persona y no a otra? ¿Por qué el ejercicio físico vigoriza a una persona y, a otra, la debilita?

La belleza que veo en esa pintura viene de mí. Por ese motivo, debo aprender a ser un maestro en el arte de proteger la vida de los demás.

11
El más Elemental
de mis Mandamientos

Jesús dijo:

> "Oísteis que fue dicho a los antiguos:
> No matarás.
> Mas os digo que cualquiera que sienta enfado
> hacia su hermano está en gran peligro"

Jesús aconseja "no matarás" porque, al matar, perjudicamos nuestros propios cuerpos tanto como perjudicamos los de ellos.

Interiormente uno replica: "Pero, yo no he matado a nadie, y aún así padezco enfermedades. Mi energía sigue disminuyendo año tras año". Y Jesús responde: No es suficiente, no es suficiente. Sencillamente, no basta con no matar. Debemos proteger la vida, debemos honrar la vida.

Sometamos a examen nuestras vidas constantemente, y suprimamos de ellas cualquier actividad que pueda poner en peligro la integridad de otros. Un instante de conducción alocada, dejar un bolígrafo tirado en el suelo. Un solo pensamiento de ira… que podría desencadenar algo más.

12
La Guerra no Funciona

Jesús dijo:

"A quien te abofetea en la mejilla derecha,
preséntale también la otra"

La idea de que nuestro mundo pueda venir de nosotros mismos —de lo que causamos a los demás— vierte dudas sobre nuestras ideas respecto a cómo responder ante la violencia.

Si alguien en mí casa, en el trabajo o dónde sea, hace algo que me ofende, en realidad, solo me está haciendo ver una imagen de mi propia memoria profunda: un eco de algún daño que yo mismo he causado a otros en el pasado.

Si ahora respondo devolviendo la ofensa, planto una nueva semilla para volver a verme a mi mismo padeciendo algún mal —podría germinar, por ejemplo, como un dolor de espalda. Poner la otra mejilla, rehusando perjudicar a quienes nos perjudican, no es solo la respuesta correcta. Es la más inteligente. De hecho, *esto* es lo que la hace correcta.

13
Sabiduría
en Nuestras Decisiones

Jesús dijo:

"Ya que cuando lo hicisteis con uno de estos
mis hermanos más pequeños, conmigo lo hicisteis"

Como cabía esperar, algunas de las enseñanzas de Jesús resultan mucho más claras del modo en que han sobrevivido dentro del marco de la sabiduría de la India y del Tíbet.

Estas tradiciones mantienen que si deseamos fuerza y salud para nosotros mismos, debemos proteger la vida, tanto de los que ya han nacido como de los que no han nacido aún. La vida y la consciencia, según apuntan estas enseñanzas, se originan en el instante mismo de la concepción, cuando el semen y el óvulo entran en contacto.

Es conveniente considerar el modo en que las palabras de Cristo llegaron a Oriente, a la hora de tomar decisiones que afectan a los demás y, en consecuencia, a nosotros mismos.

14
Un Solo Gorrión

Jesús dijo:

> "Ni uno solo de estos gorriones
> está olvidado de Dios"

Los animales pueden proporcionarnos una de las mayores fuentes de bienestar en nuestra vida. Un perro al que hacerle mimos, un gato que ronronea en nuestro regazo, son placeres sencillos. Sabemos que nuestros animales domésticos tienen sentimientos, porque nos sentimos bien haciéndoles sentir bien a ellos.

Así pues, para honrar la vida, debemos dignificar la vida de todas las criaturas, incluso de aquellas que son mucho más pequeñas, o de las que no pueden expresarse como nosotros. Después de todo, ¡tampoco hablan los bebés!

Hay momentos y lugares –mientras conducimos, por ejemplo,– en los que tal vez no podemos evitar vulnerar la vida de algunos animales. Pero, esto no tiene nada que ver con matarlos intencionadamente, o incluso como deporte. En estos casos, sí podemos evitarlo.

15
Belleza

Tener un cuerpo lleno de energía y fuerza es algo genial. Pero, también podemos plantar semillas en nuestra memoria profunda que nos harán más atractivos.

No hay nada ignominioso en la belleza. El objetivo de todo este proceso es que, al final, obtengamos el cuerpo exquisito de un Ángel. Pero, no adelantemos acontecimientos.

La semilla de la belleza se planta por el simple hecho de no dar rienda suelta al enfado en momentos en los que cualquiera se enfadaría. Pedro dijo al Señor:

"Señor, ¿cuántas veces tengo que perdonar las
ofensas que me haga mi hermano?
¿Hasta siete veces?"

Y Jesús le dijo:

"No digo hasta siete veces,
sino hasta setenta veces siete"

16
El Arte de Comer

Constantemente vemos a Jesús haciendo ayuno con el objetivo de profundizar en sus oraciones. En muchas ocasiones, incluso se olvida de comer.

Muchos de nosotros vivimos en países donde hay comida abundante, y somos incapaces de controlar nuestro apetito. El mero acto de comer, cuyo objetivo es vigorizar el cuerpo, se ha convertido para muchos en una amenaza para la salud y la vida.

Hay un modo fácil de cuidarnos cuando comemos: aplicando lo que hemos aprendido sobre la memoria profunda.

Siempre que tengamos ocasión, podemos ayudar a que alguien coma más sabiamente, siendo discretos. Si un amigo viene a visitarnos, ofrezcámosle algo sano para comer.

Servir así a los demás regresa a nosotros de tal modo que, sencillamente, ya no nos apetece abusar de la comida, o comer cosas poco saludables.

*   *   *

Comprender las palabras de Jesús bajo una nueva perspectiva, bajo la luz de sus enseñanzas que viajaron desde la Cruz hasta Oriente, podemos recuperar nuestra salud, y fuerza y apariencia juveniles. Con nuestro cuerpo nuevo y fuerte podemos seguir y colmar nuestro derecho a la seguridad: a tener las cosas que deseamos y necesitamos.

Seguridad

17
Mi Único Amo y Señor

Hemos estado hablando de joyas procedentes de las enseñanzas de Cristo que yacen ocultas en las doctrinas de Oriente. Nos resultará más fácil aceptar y utilizar este conocimiento si sabemos más acerca de su historia.

Y el principio de esta historia se convierte, además, en la lección más importante. En ella se relata el modo en que el apóstol Tomás fue enviado a la India, según fuentes de un antiguo manuscrito sirio conocido como, *Los Actos de Tomás.*

Sabemos que Jesús se les apareció a sus discípulos varias veces tras su muerte, para instruirles acerca de cómo continuar su misión. En uno de estos encuentros, hizo que los discípulos escribieran los nombres de diferentes países en trozos de papel que depositaron en un recipiente.

Cada discípulo cerró los ojos y escogió un país. A Tomás le tocó la India, pero rehusó ir allí. Después de todo, incluso los ejércitos de Alejandro Magno tuvieron que regresar tras conquistar la India, pues, todo el mundo sabe que aquello es el fin del mundo y, una vez allí, sólo puedes precipitarte al vacío. ¿Quién querría quedarse atrapado en el fin del mundo?

Jesús se apareció una noche en el aposento privado de Tomás para hablar con él a solas, y le instó a aceptar su misión. Pero Tomás se negó abiertamente arguyendo que él era un simple judío, y que no sabía nada de la India ni de sus gentes. No tenía ningún sentido para él ir allí.

Al llegar el día, Jesús anduvo por el mercado de Jerusalén. Se acercó a un hombre llamado Habban, cuyo negocio consistía en comprar y vender esclavos, una ocupación legal y muy común en tiempos de nuestro Señor.

Habban estaba especializado en lo exótico, a escala internacional. Había viajado a la India trayendo consigo hábiles artesanos procedentes de distintas tierras –hombres que se habían endeudado; la ruina en aquellos días podía significar que tuvieras que venderte como esclavo a otra persona.

Los ricos de la India ambicionaban casas y marqueterías al estilo griego. Se debía a que, en tiempos de Cristo, había reyes procedentes de Grecia gobernando territorios de la India, cuyos reinados duraron cientos de años. Estos habían introducido cambios en las costumbres, talante y formas de pensamiento de aquellas tierras, preparando, sin saberlo, el camino para gentes como Tomás.

De regreso a la India, Habban solía traer lo que, delicadamente, llamaban "bailarinas" para vender en Jerusalén.

Aquel día en particular, Habban debía satisfacer el encargo de un anciano Rey Indio que demandaba un arquitecto y un constructor capacitados para diseñar y dirigir la edificación de un palacio de piedra y madera. Casualmente, Tomas dominaba aquellas artes.

De modo que Jesús aparece entre la multitud y le ofrece a Habban la venta de su esclavo, Tomás, para que sea encadenado y conducido al fin del mundo.

Habban sospecha –el trato parece demasiado bueno, pues Jesús sólo le pide veinte monedas de plata –diez veces menos de lo que costaría un esclavo para la casa–. No obstante, Jesús cree que no se debe pagar más por un discípulo de que lo que se ha pagado por su maestro. Habban exige que quede constancia escrita del trato; Jesús ya tiene un documento de venta preparado y esperando.

Imagina la escena: Tomás va paseando por una de las serpenteantes callejuelas de Jerusalén, disfrutando del buen tiempo, justo después de la primera Semana Santa. Habban todavía vacila: "Te compraré a este hombre si vienes conmigo y él admite ante ambos que tú eres su propietario legítimo.

Jesús apunta hacía Tomás, que va subiendo la calle. Habban se apresura y agarra al sorprendido discípulo por el brazo.

Habban señala a Jesús: "¿Es este hombre tu amo?"

Tomás le mira embelesado y responde: "Sí, sí, mi único Amo y Señor".

*   *   *

Tomás fue encadenado y vendido al anciano Rey Indio. Nunca regresó a su hogar, murió en una colina en la costa este de la India.

La enseñanza de Tomás se extendió por todo el Oriente Medio y Asia. Su propio relato de la palabra de Cristo, *El Evangelio de Tomás*, es uno de los libros más notables del cristianismo. Fue desenterrado en 1945, en Nag Hammadi, Egipto, no lejos de la ruta marítima que siguieron Tomás y Habban a través del Mar Rojo hasta la India.

18

Un Maestro de Carne y Hueso

La historia de Tomás es crucial para nosotros. Podemos leer un libro pequeño como este, o incluso todo el Nuevo Testamento en pocos días. Podemos comprenderlo y abrazarlo de corazón, pero, a partir de entonces empieza el trabajo de verdad.

¿Cómo trasladar estas nuevas ideas a nuestra existencia? ¿De qué manera podemos convertirlas en parte esencial de nuestra vida cotidiana? Porque, de otro modo, nunca podremos llegar a plantar las semillas suficientes para advertir cambios a gran escala.

Lo primero que necesitamos en este momento es un maestro de carne y hueso. Alguien que nos lleve más allá de los límites de nuestro valor y visión actuales. Alguien que nos arrastre encadenados, si es preciso.

Alguien a quien podamos dirigirnos para hacerle preguntas. Alguien que ya haya andado éste camino, alguien en quien confiar. Un eslabón vivo en una cadena que se remonta hasta los mismos días del Señor.

19
Recibirás

Jesús dijo:

"Dad y se os dará"

Estar sano y fuerte, es un don divino. Pero, además, debemos cubrir otras necesidades básicas para nuestra seguridad: buenos ingresos, un hogar acogedor, y aquellas cosas que nos hacen falta para vivir cómodamente. Necesidades razonables que proporcionen el fundamento para llevar una vida correcta.

Una vez más, el principio es increíblemente simple. Primero, hacemos una lista de lo que nos gustaría conseguir a nivel físico: determinados ingresos, un trabajo interesante, un lugar para vivir.

A continuación, procuramos que otras personas consigan estas cosas primero.

Cada pequeño acto que hacemos para ayudar a los demás se graba en nuestra memoria. Después, evoluciona en forma de palabra-imagen, y brota como aquella hermosa casa con la que siempre hemos soñado.

20
Ellos no Prosperan

Jeremías le pregunto al Señor:

> "¿Por qué el camino de los impíos
> es próspero?"

Justo en este momento, un montón de dudas razonables deben estar invadiendo tu mente. Quizá surgieron por primera vez cuando aún eras un niño. Las enseñanzas de Cristo, tal como llegaron a Oriente de la mano de Tomas, pueden resultarte de gran ayuda ahora mismo.

Primer punto: Vemos a personas que son generosas con sus semejantes y, aun así, su economía va a la quiebra, su trabajo o sus negocios son un fracaso. Vemos a otras que se niegan a compartir, quizás incluso engañan a los demás, pero, no obstante, prosperan. Hace falta tiempo para que las semillas plantadas en un campo germinen. Lo mismo ocurre con las que plantamos en nuestra memoria profunda. La persona que triunfa en septiembre, plantó buenas semillas en agosto, o antes.

Cualquier semilla que se esté plantando ahora, indefectiblemente, regresará a la persona más adelante. Esta verdad es infalible, para bien o para mal. No nos dejemos engañar por las apariencias.

21
Acelerar las Cosas

Jesús dijo:

<blockquote>

"En verdad os digo que algunos de los aquí
presentes no experimentarán la muerte
sin que antes vean venir el Reino de Dios"

</blockquote>

No resulta demasiado agradable que alguien nos diga que
los malvados que triunfan ahora, deben haber hecho algo
bueno antes, y que sufrirán más adelante. Es prácticamente
imposible para nosotros actuar en base a una promesa vaga
de que todo lo bueno que hagamos hoy será recompensado
más tarde, quizás incluso después de muertos.

Según sus poderosas palabras citadas más arriba, Jesús está
de acuerdo con nosotros. Debe haber un modo de acelerar
las cosas; debe haber un modo de ver con nuestros propios
ojos que los buenos actos regresan a nosotros.

Y he aquí la respuesta.

22
El Mero Hecho de Comprender

Jesús dijo:

> "Conoceréis la verdad
> y la verdad os hará libres"

Una semilla plantada en terreno pedregoso crece muy despacio, o no lo hace en absoluto. Una semilla plantada en tierra fértil crece muy deprisa, ante nuestros propios ojos.

Nuestras intenciones y nuestra comprensión lo son todo, cuando pretendemos usar la memoria profunda para producir una vida perfecta. No podemos dar nuestras migajas a los demás de vez en cuando, con la vaga esperanza de una recompensa. No podemos ser generosos con los otros solo porque alguien nos ha dicho que lo hagamos. No hay poder en la generosidad sin una voluntad de hierro, y sin conocimiento.

Debemos comprometernos con la generosidad. Debemos ver claramente que no tenemos ni un solo céntimo que no provenga de nuestro altruismo. En lo más profundo de nuestro corazón, debemos desear ser testigos de que este mecanismo funciona para todo el mundo.

El mero hecho de saber lo que estamos haciendo, y por qué lo estamos haciendo, provoca que suceda ante nuestros ojos.

23
Verificar Nuestro Progreso

Jesús dijo:

"Porque, donde están dos o tres reunidos
en mi nombre allí estoy yo en medio de ellos"

Si para ver que todas estas cosas funcionan inmediatamente en nuestra vida diaria necesitamos una voluntad de hierro y conocimiento, ¿cómo podemos adquirir estas cualidades? Plantando las semillas adecuadas, por supuesto.

He aquí cuatro pasos fáciles:

1) Podemos llevar la cuenta de nuestro progreso escribiendo un pequeño diario espiritual. Si lo que buscamos es seguridad financiera, antes de acostarnos, anotamos en él tres cosas pequeñas que hayamos hecho durante el día para proporcionar a los demás esta misma seguridad.
2) Hacemos participe a un amigo de nuestro nuevo plan para ayudar a otras personas. Cada dos semanas le invitamos a tomar café y compartimos con él algún progreso registrado en nuestro diario, para ver si tiene alguna idea con la que cooperar.
3) Una vez al día, coge el libro que sostienes ahora. Relee una o dos capítulos, concentrándote en las palabras de Cristo.
4) Crea el hábito semanal de asistir a la iglesia que elijas. Ten en cuenta que ninguna iglesia o congregación será perfecta hasta que no consigas que tus propias semillas lo sean. Pero, con toda seguridad encontrarás la presencia de Jesús, y podrás escuchar palabras inspiradoras que te ayuden a seguir.

24
La Semilla de Mostaza

Jesús dijo:

"¿A qué compararemos el reino de Dios?
Es como el grano de mostaza que cuando
se siembra en la tierra es la más pequeña de todas
las semillas; pero después de sembrada crece y se
hace mayor que todas las hortalizas, y echa ramas
tan grandes que las aves del cielo pueden
cobijarse en su sombra"

Aquí se abre otro interrogante. Si, básicamente, el único modo de lograr un cierto nivel de ingresos es dar la misma cantidad ¿de qué me sirven, pues? ¿Cómo voy a poder progresar?

¿Has visto alguna vez un roble caer sobre una casa, o encima de un coche? Tres toneladas de madera, todas ellas producidas por una sola bellota.

Las semillas en la memoria profunda se multiplican del mismo modo. Una persona que abastece las necesidades básicas de otra, puede recibir, a cambio, años de seguridad. Pero sólo si cuenta con una férrea determinación, y una excelente *comprensión* del funcionamiento de las semillas.

25
Una Actitud muy Cristiana

Por medio de su sacrificio, Cristo alcanza el cielo para nosotros.

La duda más importante debería habernos asaltado ya: "Empiezo a tener la impresión de que el único motivo para ayudar a los demás es conseguir algo para mi". Y esta no parece una actitud muy cristiana.

No obstante, piensa detenidamente en esto: Imagina que te levantas de tu silla en el trabajo para prepararle una taza de café a alguien, siendo plenamente consciente de que te acabas de garantizar unas buenas tazas de café cuando las semillas crezcan.

Acabas de doblar al número de personas en la oficina que van a conseguir una taza de café.

Y esta es una actitud *muy* cristiana.

26
El Final de la Pobreza

Jesús dijo:

> "Anda, vende todo lo que tienes,
> dáselo a los pobres y tendrás un tesoro en los
> cielos."

¿De dónde surge el dinero? ¿Por qué en nuestro espacio de vida, después de miles de años, de repente, resulta posible para casi todos los seres de éste planeta escribirnos o hablarnos unos a otros al instante, y solo por unos céntimos? ¿Dónde se originan estas cosas?

La Biblia dice que Dios hizo el mundo; pero deja claro que Él lo creó de tal modo que solo podemos recibir aquello que damos.

En consecuencia, si todos damos lo que podemos a los demás, entonces, cada uno de nosotros tendrá comodidad, cada uno de nosotros tendrá fortuna. No es cierto que exista un límite para la riqueza en el mundo.

Crearemos mayor abundancia, mayor prosperidad para todo el mundo, y lo haremos de un modo que nunca antes se habrá visto.

27
El Final de la Competición

Jesucristo dijo:

> Si alguien te lleva a juicio para robarte
> la túnica, Ofrécele también el manto.

De pequeños nos enseñaron a creer que debemos pelear por lo que deseamos. Hemos de ser más fuertes, más inteligentes y más rápidos para conseguir nuestro objetivo antes que los demás.

Pero ahora, esta idea de la memoria más profunda arroja dudas sobre todo lo que sabemos. Si es cierto que solo conseguimos algo cuando ya nosotros mismos lo hemos dado, deberíamos competir para *dar* a los demás, no para *obtener* de ellos.

El valor para hacerlo exige mucho de este nuevo conocimiento. Llegará un día en que, en el trabajo, seremos lo suficientemente inteligentes para esforzarnos en conseguir que sea otro el que consiga ascender. Y si hay escasez de petróleo en el mundo, nos aseguraremos de que nuestros competidores internacionales lo obtengan antes que nosotros.

28
La Fascinante Confusión entre "Yo" y "Tú"

J esús dijo:

Amarás a tu prójimo como a ti mismo.

Todo lo que hemos explicado hasta ahora indica que yo no puedo conseguir lo que quiero a menos que me ocupe de ti primero. Sin los demás, nada es posible. Os *necesito*.

De modo que tus intereses pasan a ser mis intereses

Esto empieza a ser un poco confuso, aunque maravilloso, porque la diferencia entre mis intereses y tus intereses es, precisamente, lo que marca la diferencia básica ente "yo" y "tú".

De modo que también indagamos cuales son los márgenes de esa idea de "yo" y "tú".

29
Cómo Conseguir la Casa de tus Sueños

El comerciante de esclavos Habban navegó con Tomás hacia el sur, bordeando Arabia, y atracó en la costa Malibar de la India. De hecho, todavía hoy decenas de miles de indios cristianos viven allí, y señalan como su antepasado espiritual a Santo Tomás.

Subieron por la costa en dirección al norte, siguiendo el curso del río Indus hasta Taxila, una ciudad que los tibetanos llaman Dojok.

Allí les esperaba el Rey que había dispuesto el encargo de un esclavo arquitecto. Era conocido por los griegos como Gondophares, y cuenta la tradición que era el que los romanos llamaban Gaspar: uno de los tres sabios de Oriente que habían seguido la estrella hasta Belén, treinta años antes para honrar el nacimiento de Cristo.

El Rey estaba encantado con su flamante esclavo; revisó los planos de su nuevo palacio con Tomás y, asegurándose de que dispusiera de los fondos necesarios, se marchó de vacaciones prontamente.

Gaspar recibía regularmente los informes entusiastas de Sto. Tomás acerca de los progresos en las obras del palacio, acompañados de la petición de más dinero para la construcción, que el rey satisfacía complacido.

Llega el gran día del regreso de Gaspar. Quiere ver su nuevo palacio, pero descubre que no se ha puesto ni una sola piedra. Tomás ha repartido todo el dinero entre los pobres del reino.

Aquel día, Tomás y Habban se están consumiendo en las mazmorras debajo del viejo palacio, mientras el Rey delibera si despellejarles o hervirlos en aceite. El hermano del Rey, de nombre Gad, está tan consternado que sufre un ataque al corazón y muere.

Aquella noche, Gad es llevado al Cielo por los ángeles que le enseñan un número de casas para elegir. Pero él se siente atraído por un palacio particularmente hermoso. Pregunta si lo puede tener.

"Oh no –responden los ángeles–. Está reservado. Es el nuevo palacio de tu hermano, el Rey Gaspar, que Tomás ha construido en el Cielo dando todo el dinero a los pobres".

Gad no es estúpido. Habla con los ángeles para que le devuelvan a la tierra y poder anunciarle a su hermano que, después de todo, Tomás sí ha construido el palacio. Aprovechara la ocasión para hacer un trato con Gaspar y comprarle su hermoso palacio.

He aquí la moraleja de la historia: ¿Tenemos el valor y la inteligencia suficientes para construir la casa de nuestros sueños, dando el dinero que hemos ahorrado para una casa a aquellos que no tienen hogar? Otro paso inevitable para eliminar la pobreza del mundo, y así conseguir todo lo que hemos soñado.

30
El Cielo y la Tierra

A estas alturas surgiría otra duda. ¿No dijo Jesús?:

No acumuléis tesoros en la tierra,
donde la carcoma y el moho los destruyen,
y donde los ladrones entran a robar.
Acumulad tesoros en el cielo.

Jesús parece tener claro que no deberíamos buscar ganancias en este mundo. El palacio que Tomás construyó para el Rey Gaspar está en el otro lado, en el Paraíso.

Es preciso comprender lo que realmente significan el Cielo y la Tierra. Las enseñanzas orientales de Cristo son una maravillosa revelación al respecto.

He aquí el Cielo: Si queremos una casa hermosa, cogemos el dinero que tenemos y se lo entregamos a los que no tienen casa.

Estamos muy determinados y, realmente, comprendemos lo que estamos haciendo –de este modo, las semillas maduran muy pronto en la memoria más profunda. Nuestra casa soñada aparece, y aparece ahora, en esta vida, sin demora.

Y cuando llega, usamos nuestra nueva casa como asentamiento desde el que realizar todo tipo de cosas buenas por los demás. Estas semillas maduran a su vez, y las cosas siguen mejorando. Inversiones celestiales: una espiral en continuo ascenso.

En un punto determinado, mientras subimos hacia lo alto de éste ciclo, traspasamos la frontera del Cielo; y esto ocurre "*antes* de probar la muerte", como Jesús ya ha dicho.

Si esto es el Cielo, ¿dónde está, entonces, el mundo? Este mundo de dolor, este mundo destruido por la carcoma y el moho, es el mundo en el que no discernimos y, en consecuencia, no damos primero a los demás.

Es un mundo sin futuro, un mundo en el que invertimos capital sólo en nosotros mismos, comprándonos una casa en la que vivir, envejecer y morir.

¡Y no creas que tus hijos no se la vayan a vender!

31
No me Tendrás Siempre Contigo

Unos breves consejos adicionales sobre la prosperidad y el éxito. ¿Sabes cuándo decidió Judas traicionar a Jesús? Fue, precisamente, cuando una mujer se acerco para untar los cabellos de Cristo con un carísimo aceite.

Judas —y algunos otros— pensaron que aquel aceite habría podido venderse, y entregar el dinero obtenido a los pobres. Pero, Jesús reprendió a sus discípulos, diciéndoles que la mujer sería enaltecida por las futuras generaciones gracias a aquel acto.

Lo que damos regresa a nosotros con mayor poder, según a quien se lo demos.

Este es el orden con que va aumentando la intensidad de este poder: primero los pobres, o los enfermos; después aquellos que nos han ayudado en el pasado, especialmente nuestros padres; y por último, los maestros (e iglesias), sin los cuales nunca comprenderíamos la necesidad de dar.

32
El Canon del Diez por Ciento

Jesús dijo:

> Quien reciba a un profeta por ser profeta,
> recompensa de profeta recibirá.

La rama oriental del cristianismo enseña un método maravilloso para acumular buenas semillas en la memoria más profunda. Funciona en todos los casos: la salud, el éxito, las relaciones y cuanto podamos desear.

Puede que, algunas de las personas que nos rodean, no siempre sean conscientes de cómo las semillas en la memoria más profunda están formando su mundo, pero, no obstante, practican la bondad durante todo el día.

También vemos un número incalculable de seres disfrutar la recompensa de su bondad pasada; una vez más, siendo conscientes o no de cómo funciona todo.

El simple arte de sentirse *feliz* por todas las cosas buenas que hacen los demás mientras crean y reciben sus triunfos, es una reafirmación de la verdad que rige el universo.

De tal modo que, según se afirma, sembramos una semilla tan poderosa que nos proporciona el diez por ciento de todas las semillas que los demás han acumulado con sus buenos actos. ¡Y todo sin movernos del sofá!

33
Un Apunte Práctico

Jesús dice reiteradamente que deberíamos venderlo todo para dárselo a los pobres.

Por descontado obtendríamos semillas muy poderosas si así lo hiciéramos. Pero, ¿seríamos capaces de mantener nuestra fe en estas semillas durante el tiempo que les lleva regresar a nosotros? La duda se alojaría en nuestra mente.

La duda es el gran verdugo de las buenas semillas. De modo, pues, —aconseja la familia oriental de Cristo— que deberíamos ir despacio y con cautela. Cuando empecemos a ver que los resultados llegan, nuestra confianza en el proceso irá en aumento, y entonces podremos incrementar nuestra inversión en la humanidad.

Toma buena nota de una norma general muy práctica: a partir de ahora, empieza a depositar en otra cuenta bancaria un diez por ciento de cada cheque ingresado. No lo perderás. Observa el mundo durante seis meses para averiguar dónde resultaría de mayor ayuda tu dinero. Y después ofrécelo, ofrécelo.

Amor

34
El Final del Amor
tal y como lo Conocemos

De modo que todo lo que nos sucede en la vida procede directamente de cómo tratamos a los demás. Hemos evidenciado que esta idea desecha todos nuestros viejos principios sobre temas como la salud, el dinero, la competencia, e incluso el concepto de "tú" y "yo".

Veamos lo que sucede cuando se trata del concepto del amor. Habíamos dejado a Santo Tomás en un calabozo en Taxila, en el noroeste de la antigua India. Esta zona resulta particularmente importante, porque allí se encuentran los pasos montañosos del Hindu Kush: Si pretendes visitar (o conquistar) la India por tierra desde Occidente, estás obligado a cruzar dichos pasos.

Así pues, durante miles de años, se han ido introduciendo ideas en la India a través las tierras de Taxila. Cuando Tomás llegó a la India, por supuesto que ya existían allí antiguas y hermosas religiones. El hinduismo se remonta a miles de años antes de Moisés, y el budismo se esparció por el país quinientos años antes de Cristo.

Pero, en el momento histórico de la llegada de Tomás, se había instalado un cierto estancamiento en ambas religiones. El budismo, en particular, había asistido a la unión de dos grandes ideas, y después había empezado a declinar.

Estas dos ideas son: las semillas en la memoria más profunda, y el tipo de amor que demandan tales semillas.

He aquí los viejos tipos de amor: el amor romántico, el amor por la familia, el amor por la patria. Pero, ¿qué les ocurre a estas clases de amor en un mundo que, de hecho, se va creando en torno a cómo tratamos a los demás?

En la generación inmediatamente posterior a la llegada de Tomás, se produjo en la India una increíble revolución de las ideas. Todas ellas basadas en un concepto del amor completamente nuevo y más elevado. Se le dio el nombre de Mahayana: el Camino Mayor.

Tenemos monedas, esculturas y edificios que prueban el torrente de ideas que inundó la India desde Grecia, Roma y Jerusalén. Tenemos libros como *Las Preguntas al Rey Millinda,* un diálogo extraordinario entre un sabio indio y Menandro, un monarca griego. Vemos vínculos sorprendentes entre el sánscrito –el idioma antiguo de la India– y el griego y el latín, que fueron las primeras lenguas en que fue escrita la palabra de Jesús.

Pero, esta nueva idea del amor que irrumpió en la India tras la muerte de Cristo, cobra una importancia muchísimo mayor. Quizás solo fue una casualidad; quizás fueron los esfuerzos de Tomás y otros sabios cómo él. Quizás estas grandes ideas surgieron en el mundo en diferentes lugares, al mismo tiempo; o quizás existe un poder superior que libra estos mensajes sin reparar en las fronteras que creamos entre naciones.

O quizás la historia *pasada* se nos muestra *ahora,* porque procede de nosotros, como la belleza de una obra pictórica. En cualquier caso, disfrutemos ahora de este amor nuevo y más elevado.

35
Nuestro Derecho a Amar

Podemos estar sanos y gozar de una buena forma física, pero nuestra vida no está completa sin amor —sin esas relaciones íntimas que compartimos con amigos, familia, y una pareja que nos acompañe toda la vida.

Esta última es una necesidad humana básica, es la necesidad de unir las energías más elementales de la vida —la masculina y la femenina—; no solo en un orden físico, sino también divino.

No tenemos ninguna constancia real de que existiera una relación física entre Cristo y María Magdalena, pero la importancia del vínculo tan profundo que les unía, ha sido intuida por las gentes a lo largo de la historia.

No es fruto de la casualidad que solo María Magdalena tuviera el valor de buscar el cuerpo de Cristo; no es casualidad que fuera ella la primera en reconocerlo.

36
Las Tres Etapas

Del Evangelio de San Juan:

> María volvió la cara y vio a Jesús allí,
> pero no sabía que era él.
> Jesús le dijo: "Mujer".
> Ella se volvió y le dijo: "¡Maestro!"

Si piensas en ello, cualquier relación entre un hombre y una mujer pasa, necesariamente, por tres etapas. La primera es el encuentro con la otra persona. Una vez la hemos conocido, queremos retenerla. Pero, retenerla no tiene sentido, a menos que seamos felices juntos.

Abordemos la primera. Pero ya habrás podido intuir que este asunto de las semillas en nuestra memoria más profunda provoca dudas sobre la idea que teníamos de *encontrar* a nuestra pareja perfecta.

No funciona del modo en que creías. Nunca lo ha hecho. Y, probablemente, tu también lo intuyes.

37
Aviones que Vuelan, a Veces

Ya conoces el viejo dicho:

Dios ayuda a quien se ayuda a sí mismo.

Hay algo sorprendente en el modo en que andamos nuestra vida. En realidad, no sabemos muy bien lo que estamos haciendo. Es decir, supón que fueras a volar con una nueva compañía aérea. La azafata te detiene en la puerta del avión y te pide que le firmes el impreso de un seguro antes de subir a bordo.

"¿Por qué? –Le preguntarás–. ¿Ocurre algo?

"En absoluto" –contesta ella esbozando una sonrisa tranquilizadora– solo que, ¿sabes? aún no entendemos del todo como funciona éste aparato volador. ¡Pero tenemos muchas posibilidades de que no se estrelle!

Seguramente, darías media vuelta y saldrías corriendo en busca de una buena aerolínea, ¿no? Pensándolo bien, hacemos cosas así todo el tiempo, sin tener la menor seguridad de que vayan a funcionar. Nos pasamos la vida sacando conjeturas.

Pues bien, eliminemos todas las conjeturas acerca del hecho de encontrar pareja.

38
El Truco de las Dos Malas Opciones

Después, Pilatos le dijo a Jesús:

"¿No oyes todo lo que dicen contra ti?"

Y Jesús no le respondió ni una sola palabra; ante esta actitud, Pilatos quedó maravillado. Hay momentos en los que debemos elegir entre dos opciones: ¿debería decir esto, o aquello? Dos opciones. Siempre dos opciones, y siempre equivocadas.

Existe un viejo embaucamiento para colocar saldos, llamado "el truco de las dos malas opciones". Entramos a comprar un coche, y el vendedor nos enseña dos modelos.

"Este tiene un bonito color —empieza—, pero de motor no anda muy bien". Nosotros fruncimos el ceño. Inmediatamente después, señala otro coche.

"Este funciona a las mil maravillas, y le hago un descuento de cien dólares por las abolladuras. *¿Con cual de los dos se queda, pues?*"

Nuestra mente se bloquea, obligada a decidir entre dos malas opciones. El vendedor apurará la venta diciendo "¿Y cómo piensa pagarlo?"

39
Tercera Opción

Jesús dijo:

Ponte detrás de mí, Satanás…

Bueno… un vendedor de coches usados puede ser o no ser el Diablo. Pero, si Satanás existe –y así es–, nada le place más que ver cómo malgastamos nuestra vida esforzándonos por decidir entre dos malas opciones. Por ejemplo:

1) Quiero perder un poco de peso. ¿Qué hago, jogging o yoga?
2) Estoy ahorrando para mi jubilación. ¿Invierto en algo arriesgado, o mejor soy conservador?
3) ¿Tendré más posibilidades de conocer a alguien interesante en la iglesia, o pruebo en Internet?

A estas alturas ya conocemos cual es la respuesta: Ninguna de ellas. Porque ninguna de estas opciones funciona *siempre*. No se trata de *cómo* encontramos a nuestra pareja, sino *por qué*. ¿Y cual es el por qué? Que las semillas estén presentes, nada más.

Los tibetanos lo llaman la Tercera Opción. Plantar las semillas: es la única alternativa que funciona de verdad.

40
Primero Pinta una Imagen

G edeón dijo:

> He visto cara a cara
> al Ángel del Señor.

Primero, siéntate y decide con exactitud lo que buscas en una pareja. Valiéndote de la memoria profunda, nada es imposible –de modo que no te cortes. Atractivo/a, inteligente, y también sensible.

No te conformes con menos de lo que realmente deseas. Ya no estamos atrapados en el dilema de los dos coches usados.

Si ya tienes pareja, haz la lista de todos modos. No hay nada, en ninguna de las personas que nos rodean, que no podamos cambiar si trabajamos primero con nosotros mismos.

Un buen truco para que este ardid funcione más rápido es hacer una oración especial: Se llama la oración patrón.

41
Maestros en el Arte de Orar

Quizás la contribución más notoria que surgió de la marea que barrió la India durante los siglos posteriores a Tomás, fue un alto refinamiento en el arte de la oración, o la meditación —un refinamiento que se ha perpetuado hasta nuestros días. Y del cual podemos aprender mucho.

Los indios suelen decir que si Taxila, en el noroeste de la India, fue la cabeza —o la puerta de entrada— de la sabiduría de Occidente, Bengala, en el noreste, era el corazón.

Durante miles de años, hombres y mujeres sabios viajaron de un lado a otro por el norte de la India, a la sombra de los Himalayas, trayendo ideas consigo. En Taxila, se desarrollo un prestigioso centro espiritual, y dos mil kilómetros al este, en Nalanda, floreció una escuela hermana. Ambos fueron destruidos a causa de las invasiones en la India, unos mil años después de Cristo.

Afortunadamente para nosotros, el conocimiento que poseían ambos centros fue trasladado al Tíbet justo a tiempo. Maestros, como el conocido Kamala Shila, cruzaron, literalmente, los pasos montañosos del Monte Everest, introduciendo en el Tíbet joyas espirituales de un valor incalculable, incluyendo aquella nueva concepción del amor que había llegado con Tomás.

Kamala Shila (cuyo nombre significa "La Fragancia de una Buena Persona"), de hecho, había sido invitado a ir al Tíbet por el Rey de aquellas tierras, alrededor del año750 después de Cristo. Estaba teniendo lugar una controversia acerca de cómo meditar.

En la antigua India, así cómo en el Tíbet, los desacuerdos de índole religiosa se arreglaban de un modo fascinante. El Rey elegía a una persona para representar a cada bando de la tesis. En este caso, un monje chino llamado Ho Shang, compareció para argumentar que el mejor tipo de oración –o meditación– era, simplemente, sentarse con la cabeza vacía y no pensar en nada.

Kamala Shila, por otro lado, caminó hasta el Tíbet desde Nalanda, en la India, solo para defender la idea contraria: cuando rezamos, debemos enfocar la mente en el pensamiento más trascendente y hermoso que podamos imaginar: el amor –un amor en el que trabajamos por los demás valiéndonos de la magia de la memoria profunda.

Una antigua tradición exigía que los dos contendientes se presentaran el día señalado en la corte del Rey, en un lugar llamado Samye. Ciudadanos de todo el país se acercaban hasta allí para asistir al debate, y cuando éste había terminado, ayudaban a decidir cual de las dos opciones había expuesto sus argumentos con mayor fuerza.

Este sistema estuvo vigente durante más de dos mil años, y era mucho lo que había en juego. Al lado perdedor –es decir, los seguidores en todo el país de las ideas del orador derrotado– se le exigía unirse a la fe del lado ganador. Fue así como aquella tradición de meditación rica y poderosa echó raíces entre los descendientes de las ideas que Tomás había contribuido a llevar a la India. El argumento final que convenció al Rey, y a todos los presentes, fue que meditar exige mucha más habilidad que solo vaciar tu mente.

Si meditas en la nada, dijo Kamala Shila, entonces, no recibes nada. Cuánto más te empeñas en no pensar, bien… ¡con mayor empeño estás pensando! De modo que, mientras estamos meditando, pensemos en el amor –la forma de amor más elevada–. Podemos empezar dirigiendo con alegría éste amor más elevado hacia la pareja que estamos buscando. Tengamos el valor para coger el pastel y comérnoslo también.

Esta es la *oración* para crear a nuestra pareja.

42
La Oración Patrón

Jesús dijo:

> No creas que la oración consiste en
> La inútil repetición de palabras.

Dejemos bien clara una cosa desde el principio. Existe un determinado tipo de oración que no funciona. Ya nos dimos cuenta de ello en primaría, cuando rezábamos para recibir una bicicleta nueva de color rojo por Navidad, y no surtía efecto.

La tradición oriental de Cristo nos ofrece una caja de herramientas llena de diferentes métodos de meditación. Cada una sirve para un propósito diferente. Hay una oración patrón, una oración que proporciona calma, una oración para enfocarse, una para solucionar problemas, una para estar atento, tenemos la oración del corazón, la oración de suplica, y la oración de agradecimiento.

La oración patrón consiste en analizar, deliberadamente, cierta imagen o idea en nuestra mente, una y otra vez, cada día.

Es así como éste patrón queda sellado en la mente. Se absorbe en la memoria más profunda y afecta a las semillas que yacen allí.

Sigue imaginando exactamente cómo quieres que sea tu pareja. Si te apoyas en los buenos actos adecuados, la persona que buscas aparecerá. No es que vayas a *encontrarla*, es que la *habrás creado* tú.

43
La Prueba es que Estamos Aquí

Jesús dijo:

Ellos ya tienen su recompensa.

Otra duda debe estar bombardeando tu mente ahora mismo. Supongamos que me siento atraído por cierta persona en el trabajo, pero ésta apenas se percata de mí presencia. Comprendo que si deseo verme rodeado de belleza, tengo que plantar las semillas adecuadas, haciendo que los demás disfruten la belleza. Pero, ¿cómo voy a conseguir que la otra persona vea belleza en mí?

Llegamos a un punto muy importante. Definitivamente, no hay ninguna manera de hacer el trabajo por los demás, y plantar semillas en su interior. Si, de algún modo, yo pudiera ser el doble de bueno durante una semana y depositar mis semillas extra en tu alma, ninguno de nosotros estaría aquí ahora, en un mundo de guerra y de dolor, donde los niños mueren en accidentes.

Por supuesto, antes que nosotros ya han venido suficientes personas buenas. Y, por supuesto, ellos ya nos habrían dado todas sus semillas sin tener que pedírselas.

44
Tu Fe te ha Salvado

Pero, ¿No fue con todo el asunto de la crucifixión que Cristo entregó su vida por nuestros pecados? ¿No nos ha dado ya, en cierto modo, sus buenas semillas? ¿O se ha llevado, al menos, las malas?

Jesús curó a una mujer, pero después le dijo: "Tu fe te ha salvado".

Profundizaremos sobre éste tema más adelante, pero es importante empezar a hablar de ello ahora. Hemos venido diciendo que las cosas buenas nos ocurren cuando las hacemos primero por los demás. Para una persona como Jesús *es* posible curar, pero no lo hace trasladando sus semillas a nuestra memoria más profunda; no lo hace siendo bueno *por* nosotros. Esto es algo que, obviamente, debemos realizar por nosotros mismos. De otro modo, Dios, Moisés y Jesús no estarían constantemente indicándonos la importancia de mantener sus santos mandamientos.

Sin embargo, una de las mejores semillas que podemos plantar consiste, simplemente, en venerar y creer en Aquel que nos proporciona la sabiduría de las semillas. La semilla de la *fe* es tan poderosa que —como veremos— puede hacer que los milagros ocurran. Milagros que, en última instancia, vienen de nosotros mismos.

45
El Ojo del Testigo

Pilatos preguntó a Jesús:

¿Eres tú el rey de los judíos?
Y Jesús respondió: Tú lo has dicho.

Regresemos a cómo podemos conseguir resultarle atractivo a alguien. Es absolutamente cierto que el modo en que otros *nos* ven depende de *sus* semillas. Pero, el modo en que *nosotros vemos* que *ellos nos* ven... ¡viene de *nuestras* semillas!

En la tradición oriental de Cristo, este tipo de semilla se llama "semilla ambiental". Si velamos siempre por honrar y proteger la vida en el mundo, naturalmente, nos volvemos más sanos y más fuertes. Pero, además, estas semillas liberan un resultado mucho mayor. Empezamos a ver más salud en la tierra que habitamos: la gente vive más años, la ciencia logra grandes avances.

No obstante, date cuenta de una cosa. Estas personas que nosotros vemos más sanas, pueden verse a si mismas de este modo...o no. Podrían incluso sentirse peor.

¿De dónde viene la belleza de una pintura?

Ama y verás amor: *serás* amado.

46
Las Correlaciones

En resumen, cómo encontramos/creamos a nuestra pareja ideal. Jesús preguntó:

*"¿Se cosechan uvas
de los espinos o higos de las zarzas?"*

Esto significa que tiene que haber, necesariamente, una *coherencia* entre lo que hacemos y lo que recibimos. Si quieres uvas, no plantas un cactus.

En primer lugar, construimos una imagen mental, clara y constante, del marido, mujer o compañero que deseamos. Antes mencionábamos a alguien atractivo, inteligente y sensible. ¿Cuáles serían entonces las semillas que se corresponden con este tipo de cualidades?

La semilla para ver personas atractivas es, de nuevo, evitar estrictamente el enfado. Puesto que la belleza viene de nosotros, incluso alguien con quien hemos convivido durante años, puede cambiar físicamente ante nuestros ojos.

La mejor semilla que podemos plantar para vernos rodeados de personas inteligentes consiste en revisar la inteligencia última de ver de dónde proceden realmente las cosas. Demostrar sensibilidad hacia todos los que nos rodean, crea sensibilidad en nuestra pareja. Prácticamente, todas las cualidades funcionan del mismo modo: utiliza el sentido común, sé lo que persigues.

47
Cueste lo que Cueste

Pedro se bajó de la barca y empezó a andar sobre las aguas hacia Jesús. Pero entonces le asaltó la duda y empezó a hundirse.

Hay algo realmente importante a tener en cuenta con respecto a *encontrar* a nuestra pareja, antes de abordar cómo *mantenerla*.

A estas alturas ya habrás pensado probablemente: "Pero yo no soy alguien que se enfade muy a menudo, ¡seguro que no tan a menudo como algunos que conozco! ¿Por qué todavía no ha aparecido esta persona maravillosa en mi vida?"

La respuesta es la pregunta. Simplemente, no es suficiente. No basta con no estallar a menudo. Si de verdad quieres una maravilla, estaríamos hablando de no manifestar la menor sombra de enfado ni aún cuando fuéramos seriamente agredidos por alguien.

Trabaja más duro. Sabrás que lo has conseguido: el día en que la maravilla aparezca.

48

Barreras

Una cosa más a tener en cuenta, si no deseamos esperar más de lo necesario para que aparezca la maravilla.

Una familia particularmente persistente transportó en cabestrillo a un paralítico hasta la casa donde Jesús se hospedaba. La vivienda estaba abarrotada de gente, de modo que se escurrieron a través del techo de paja, y dejaron al enfermo a los pies de Jesús. Jesús ayudó a que el impedido curara sus pecados, y esto fue suficiente para que el hombre echara a andar.

Habíamos plantado numerosas semillas negativas antes de empezar a oír hablar de ellas. Y siguen allí creando barreras.

Puede que ahora seamos personas pacientes, pero si hemos tenido tendencia al enfado en el pasado, la maravilla no aparecerá hasta que estas semillas se agoten.

Veamos lo que podemos hacer para limpiar estas malas semillas. Y esto será suficiente para levantarnos y echar a andar.

49
Maravillosas Confesiones

Jesús sanó a otro impedido diciendo:

"Mira que has sido curado.
No peques más para que no te suceda algo peor"

Supongamos que hemos realizado serios esfuerzos por plantar las semillas correctas para conseguir una pareja atractiva: nos hemos convertido en una persona prácticamente incapaz de enfadarse. Pero, en algunos casos, aún y así los resultados no se producen. Esto indica que hay un obstáculo que procede de las semillas del enfado, aunque no podamos recordar los incidentes del pasado que las causaron.

Eliminamos estas viejas semillas con dos pasos:

1) Busca alguien a quien respetes –un miembro del clero o, simplemente, un buen amigo– y admite abiertamente ante su presencia cualquier forma de enfado al que hayas sucumbido en el pasado.

2) Determínate a limpiar cualquier rastro que pudiera quedar de este enfado, y dedica este poder a destruir las viejas semillas. Cuanto mayor sea tu determinación, más rápido desaparecerán los obstáculos.

Esta confesión reparadora no es un mero ritual o un viaje hacia la culpabilidad. Es un método muy hábil para acelerar la maravilla. Aplícalo también a cualquier vieja semilla negativa que esté entorpeciendo tu salud y prosperidad.

50
Belleza Inagotable

Aparece la maravilla. Pero, ¿cómo conservarla?

Jesús nos previene contra las cosas mundanas que "la carcoma y el moho destruyen". Una de las cosas más tristes de la vida es ver cómo se marchita el amor, o incluso se convierte en desprecio.

Ahora que sabemos cómo funcionan las semillas es fácil entender por qué las cosas decaen. Una relación crece como un árbol, desde una semilla. A medida que la semilla va convirtiéndose en ese árbol, desgasta su poder hasta que desaparece. Si lo dejamos a su libre albedrío, un árbol crece y acaba muriendo, mientras la fuerza de la semilla que lo creó decae.

Así son las cosas en el mundo de sufrimiento. Y no tendría por qué ser así.

El paraíso es diferente. En un mundo *divino seguimos plantando semillas,* y las relaciones nunca degeneran. Siguen prosperando siempre. En el ejemplo que nos atañe, sé estrictamente paciente con tu "maravilla", empezando en el mismo momento que iniciáis vuestro camino juntos, y siguiendo así siempre. La belleza continuará floreciendo más y mejor.

51
Más Estúpido que Inmoral

Dice Jesús:

"No cometerás adulterio"

Una de las grandes tragedias de la vida moderna es la mística romántica que se ha construido alrededor del craso error de llegar a romper la pareja o el matrimonio de otro –causando un inmenso dolor en las partes y en los hijos– todo por una breve gratificación de nuestro órgano sexual.

No es solo que robar el marido o la esposa de otro sea incorrecto e inmoral. Sino que, más bien, es un plan estúpido. Nos estamos negando a nosotros mismos aquello que realmente queremos.

Si conseguimos arrebatarle la pareja a otro, *será debido a que hemos respetado las relaciones entre parejas en el pasado.* Romper una pareja ahora nos garantiza relaciones desgraciadas en los años venideros.

No te dejes confundir por el tiempo que precisan las semillas para dar fruto.

52
Compartir

Una cosa es encontrar y conservar a nuestra pareja. Pero somos testigos de que muchos matrimonios sufren juntos en silencio durante años. No basta con *estar* juntos, queremos ser *felices* juntos. He aquí algunos consejos que nuestra familia de Oriente nos proporciona. Más adelante, en la sección llamada "Felicidad", se facilitan algunos otros.

Dice Jesús:

> "El hombre y su esposa ya no son dos
> sino una sola carne"

En cualquier relación de pareja, una de las partes tiende a dominar en algún sentido: decide cómo administrar el dinero, decide cómo pasar el tiempo juntos. Deberíamos darnos cuenta de si empezamos a monopolizar la relación de este modo.

Compartir voluntariamente este tipo de autoridad entre ambos es la llave de la armonía –tanto en el trabajo como en el hogar. Cuanto más relajados y alegres cedamos nuestras decisiones y posesiones a nuestra pareja más se debilitarán las barreras entre nosotros, hasta que un día, lleguen a desaparecer por completo.

53
Barreras Infinitas

Alguien se acercó y le dijo a Jesús que su familia estaba afuera, aguardando para verle. Cristo extendió su brazo hacia la multitud de discípulos a su alrededor y dijo:

"He aquí mi familia"

No permitamos que nuestra relación de pareja se convierta en una excusa para transferir nuestro viejo egoísmo hacia los dos, o hacia nosotros y nuestros hijos. No podemos ser felices en familia ignorando las necesidades del resto del mundo. Tampoco podemos ser felices como individuos si nos desentendemos de las necesidades de otros individuos.

Cuando los dos juntos nos preocupemos tanto por el dolor de un extraño como por el dolor de nuestra propia pareja; cuando nos preocupemos tanto por el dolor de los niños en el mundo como del de nuestros propios hijos, dentro de los límites de nuestra pequeña casa, sucederá que la felicidad en el seno de nuestra familia será igualmente ilimitada.

54
Un Guiño al Futuro

Justo antes de ser crucificado, Cristo apareció andando por entre los campos con dos de sus discípulos, deliberando acerca de cómo el desastre aparente podría tener un propósito mayor. Los discípulos tardaron horas en reconocer a Jesús, no fue hasta que pararon en una posada para cenar; Jesús partió el pan y lo bendijo, y después:

"Entonces se abrieron sus ojos y le reconocieron"

Una nota final acerca de cómo disfrutar nuestra relación de pareja. Los seres divinos gozan de poder infinito, y nos aman infinitamente. Tienen también una paciencia infinita; de modo que diez o veinte años no son nada para ellos.

Es decir, no hay absolutamente ninguna razón por la cual un ser santo que desea estar junto a nosotros no pueda mostrarse como nuestra pareja, y dedicar una vida entera a guiarnos desde el anonimato para que encontremos nuestro camino.

Piensa en ello la próxima vez que sientas que no hay *glamour* suficiente en tu vida.

55
El Amor
y la Memoria más Profunda

Hemos abordado, hasta el momento, las bases fundamentales para una vida feliz: buena salud, seguridad física y una buena relación de pareja. Con todo ello en la mano podemos afrontar los retos más elevados de la existencia humana.

Recuerda lo que hemos estado repitiendo durante todo este tiempo. Necesitamos el valor para tenerlo *todo* en esta vida: el valor *de ir a por todas*. No estamos intercambiando felicidad en esta vida por felicidad en una existencia futura. Estamos *utilizando* la felicidad de esta vida como *camino* hacia una felicidad más elevada: como el comienzo de toda una existencia más elevada. Cojamos el pastel y comámoslo también.

De nuevo, es esencial reconocer qué lo hace posible. El nuevo tipo de amor que arrasó como una ola, desde la Cruz hasta la India y Tíbet, a través de Tomás.

En un principio, amamos a nuestros semejantes solo porque son personas. Después, amamos a nuestros semejantes porque somos conscientes de que la vida está condenada al dolor y la muerte. Finalmente, alcanzamos un amor hecho de verdadera esperanza: un amor que comprende que los problemas del mundo vienen de las semillas en nuestra propia memoria profunda.

Un amor supremo, porque ahora poseemos el conocimiento necesario para detener todo el dolor de nuestros seres queridos, y para siempre.

Felicidad

56
¿Qué es la Felicidad?

Dice Jesús:

> "Os he dicho estas cosas
> para que tengáis paz en mí"

Es importante saber que existen determinados tipos de semillas para obtener fuerza, seguridad y amor; pero las semillas de la felicidad, forman un grupo completamente *diferente*. Hay cuantiosas personas que son famosas, bellas y triunfadoras, pero absolutamente desgraciadas.

La rama oriental de la familia cristiana describe la verdadera felicidad como la victoria final sobre nuestros propios demonios mentales: todas las emociones negativas que ensombrecen el corazón humano.

Es sabido que estos pensamientos negativos aparecen en cientos de variantes; abordemos a continuación algunas de las más importantes, y veamos cómo podemos plantarles batalla. Porque realmente se trata de una guerra, una guerra en el interior de nuestra mente, y debemos hacer instrucción y equiparnos como soldados espirituales, preparados para la batalla por la felicidad.

57
Los Demonios deben ser Despedazados

Jesús se enfrentó a los demonios y les obligó a entrar en los cuerpos de una manada de puercos; los puercos se echaron a correr violentamente, precipitándose al mar desde un acantilado, y pereciendo en las aguas.

Pongamos algo en claro acerca de esta guerra que estamos a punto de declarar. No estamos hablando de cómo lidiar con aquellas regiones dolorosas de nuestro corazón; no estamos hablando de llegar a sentirnos cómodos con nuestro sufrimiento, ni siquiera estamos hablando de buscar un modo de crecernos ante los desafíos.

Estamos hablando acerca de la paz en sí misma: estamos hablando de destruir las emociones negativas en nuestro interior, y no tan solo por unos días o por unas horas, sino para siempre. No quedará nada contra lo que luchar. Y podemos hacerlo, por una simple razón.

Piénsalo. Si el modo en que vemos una pintura, o a nuestra pareja, viene de nosotros —de cómo hemos tratado a los demás— *también así experimentamos nuestros propios pensamientos*. Somos *nosotros* quienes convertimos nuestra mente en un paraíso o en un infierno en el que vivir. Este conocimiento es nuestra arma invencible. Ahora veremos cómo usarla.

58
No Sabemos

Y dijo Jesús:

"Padre perdónales
porque no saben lo que hacen"

Todos los demonios mentales responsables de echar a perder nuestra felicidad, se reducen a malinterpretar cómo funcionan las semillas en la memoria profunda. Deshagamos este malentendido y podremos alcanzar la felicidad perfecta.

Solo cuando malinterpretamos el mundo enérgicamente, desde la ignorancia, puede un demonio mental manifestarse. Y los demonios pertenecen siempre a una de estas dos familias: que te *guste* algo de un modo ignorante, o que te *disguste* algo de un modo ignorante.

59
Enfado

Dijo Jesús:

"¿Cómo es que ves la paja en el ojo
de tu hermano y no adviertes la viga en el tuyo?"

Puesto que hemos planteado el tema del enfado, enfrentemos este demonio en primer lugar. ¿Cómo se produce el hecho de que algo nos disguste de un modo ignorante? Alguien nos llama estúpido. Esto duele, y es totalmente lícito que nos disguste. Pero debe disgustarnos de un modo *inteligente*. De un modo que evite que vuelva a suceder de nuevo.

Cuando alguien nos habla con acritud, es una imagen emergente de nuestra memoria profunda; una imagen que fue plantada cuando le dijimos algo desagradable a otra persona en el pasado.

Este simple reconocimiento lleva al fin del enfado, para siempre. La otra persona es solo un emisario que nos hace entrega del correo que nosotros mismos hemos enviado. Lo más estúpido que podríamos hacer en este momento sería reaccionar con enfado, y plantar la semilla para volver a encontrar una persona que nos disguste próximamente.

60
Irritabilidad

Dijo Jesús:

> "El que es fiel en lo poco
> también lo es en lo mucho"

Los cigarrillos son cosas pequeñas, pero un buen número de ellos puede resultar tan mortal como ser arrollados por un camión.

Unos pocos minutos de enfado violento hacia una persona o un objeto, tienen la particular capacidad de introducirse en la memoria profunda y destruir grandes depósitos de buenas semillas: semanas o meses de buenos actos dirigidos a los demás.

La irritabilidad hace lo mismo, despacio y de manera silenciosa. Quejarse del tiempo o del trabajo; pequeñas pero constantes discusiones con la familia; lamentarse por cómo va el mundo en general, *hace* que nuestro mundo en particular empeore. Y así *sigues* quejándote… ya ves como va.

Para acabar con esta molesta tendencia hacia la irritabilidad constante, para acabar con este gruñón que llevamos dentro que está creciéndose a medida que pasan los años, existe un arma maravillosa. Se llama la "oración vigilante"

Nos detenemos en determinados momentos a lo largo del día –digamos en el momento íntimo cuando ofrecemos nuestra comida, justo antes de probarla– y revisamos nuestro estado mental. ¿Nos ha cogido desprevenidos en las últimas horas nuestro gruñón interior? Le pedimos que nos deje tranquilos, no porque el mundo no sea un lugar muy duro de vez en cuando, sino porque no tiene ningún sentido hace que empeore.

Y, de repente, todo empieza a ser más luminoso.

61
Envidia

Jesús levantó su copa, en la que sería la última cena de su vida. Y ¿de qué estaban hablando los discípulos?

"Empezaron a discutir entre ellos acerca de quién, entre todos, sería considerado el mejor de los discípulos?"

Los celos son otro de los venenos de baja intensidad que echan a perder lentamente nuestra capacidad de ser felices. La mejor manera de combatirlos, como siempre, es aplicando el poder, puro y duro, del conocimiento.

Solo puedo tener aquellas cosas que yo mismo he proporcionado a los demás. De modo que solamente tendré éxito si los demás lo han tenido antes que yo. Sentirme desgraciado porque a otra persona le ha sucedido algo que la hace feliz, no es solo lamentable e innoble sino francamente estúpido.

Resulta extraño vivir en una cultura en la que tirarse un pedo en público se considera de mala educación, pero es común desear que los demás no sean tan…felices.

62
Tristeza

Nos preguntamos cómo Cristo era capaz de sanar incluso a leprosos y ciegos. Pero nos olvidamos de algo aún más fascinante. Él *deseaba* curarles. *Paró, y se dio cuenta de que necesitaban ser curados.*

La tristeza es una lacra social que se ha instalado entre nosotros. Su característica más sobresaliente es que, mientras nos perturba, estamos absolutamente enfocados en *"qué mal me siento"*. Nos olvidamos por completo de los demás y de sus problemas.

El remedio es dolorosamente obvio. En el mundo en que vivimos, solo podremos superar nuestras penas si antes ayudamos a los demás a superar las suyas. Deberemos poner todo nuestro empeño —y será un verdadero desafío— en utilizar el conocimiento como un arma para vencer la tristeza, y ayudar también a los demás a vencer la suya.

El conocimiento acerca de las semillas actúa como la luz del sol, la buena tierra y el agua pura. El más nimio de los actos en beneficio de otra persona, si es llevado a cabo desde el conocimiento, resulta una semilla lo suficientemente poderosa para acabar con toda nuestra tristeza.

63
Depresión

Dice Jesús:

"Yo he nacido y he venido al mundo
para esto y para dar testimonio de la verdad"

Pilatos le contestó:

"¿Que es la verdad?"

De repente, nos invade la oscuridad; a menudo, sin previo aviso ni causa aparente. Todo se vuelve negro. Nuestro trabajo, nuestros amigos, nuestro mundo.

Pero, de pronto se disipa, algo nos hace reír y nos preguntamos cómo podíamos ver las cosas de un modo tan engañoso. Esto es la depresión.

¿Qué es más real? ¿Qué es más cierto? ¿La repentina irrupción de la oscuridad, o nuestra vida antes y después de ella? Puedes calificar la depresión cómo una anomalía, pero la oscuridad que ves es completamente real: también ha sido producida por las semillas que has plantado interactuando con los demás.

La cura es radical, pero muy efectiva. *Utilizamos* esa oscuridad desde el interior de la oscuridad misma. La concentramos toda en nuestro pecho, invocamos también la oscuridad de todos aquellos que están deprimidos y la juntamos con la nuestra, hasta que nuestro corazón está repleto de oscuridad. Pero, en este preciso instante, se produce un estallido de luz dorada en nuestro corazón que la reduce a cenizas.

Está es la primera parte de lo que en la familia oriental se conoce cómo "la oración del corazón". Al incorporar el dolor de los demás a nuestros momentos más oscuros, cargándolos sobre nuestra pequeña cruz, destruimos este dolor por completo.

64
Insomnio

Dijo Jesús:

"Vosotros sois la luz del mundo"

Muchos de nuestros demonios mentales se nutren de la simple falta de sueño. Esto aumenta nuestros problemas para dormir, y aparecen más demonios.

La segunda parte de la práctica llamada "oración del corazón" resulta una poderosa cura para el insomnio. Acostados ya en la cama, cerramos los ojos. Hacemos diez respiraciones suaves, concentrándonos únicamente en el aliento mientras contamos hasta diez.

Empezamos a imaginar a nuestros vecinos yéndose a la cama. A algunos de ellos también les cuesta dormir. Imagina una bola de luz, cálida y dorada, en tu corazón. Representa la calma y el sosiego. Envía esa bola de luz a través del aire, traspasando las paredes, hasta llegar al corazón de esa persona en tu barrio que tiene dificultades para conciliar el sueño. Imagina que acaba cayendo dormida gracias a esa calidez que le has enviado.

Sigue así hasta que te despiertes, fresco y renovado.

65
Falta de Energía

Jesús acaba revelando el verdadero alcance de su poder cuando rescata a Lázaro del reino de los muertos, aunque se produce un hecho muy extraño. Los líderes que un día tendrán que morir, líderes acompañados de seres queridos que deberán morir también, se sienten amenazados y empiezan a conspirar contra Jesús. Nadie le pregunta cómo lo ha hecho. Nadie, en verdad, se lo *agradece* demasiado en ninguno de los evangelios.

Ser agradecido es la clave para curar la falta de energía, así cómo todas las variedades de la pereza y falta de determinación.

La familia oriental de Cristo prescribe la oración del agradecimiento para cuando nos sentimos pesados o cansados. Prepárate una buena taza de café o de cacao, déjate caer en el sofá y, conscientemente, haz que tu mente viaje a través de tu vida pasada y presente. Piensa en todas las personas que te han ayudado, y dales las gracias mentalmente. ¡Por el amor de Dios! Si incluso los empleados del supermercado están entregando preciosas horas de su vida para servirnos. De modo que, muévete de una vez, y haz algo tú también para devolver su amabilidad.

66
Baja Autoestima

Dice Jesús:

"Porque os digo que muchos
profetas y reyes quisieron ver lo que vosotros veis
y no lo vieron..."

Meditar en cuánto tenemos, pasar un tiempo orando cada día, recordando todo aquello por lo que podemos estar agradecidos también cura la falta de autoestima o de confianza.

Date cuenta de una cosa: El simple hecho de poder hacer una sola respiración en esta vida requiere incontables semillas que han sido plantadas sirviendo a los demás. Pero tenemos muchas más cosas más: gozamos de libertad, de una vida próspera, podemos *pensar*.

Nuestras vidas son una prueba de lo bondadosos que somos interiormente. Para poder escuchar el nombre de Jesús una sola vez en toda una vida hacen falta inmensos pozos de amabilidad depositados en nuestra memoria más profunda.

Estamos a las puertas de llegar a ser ángeles, como pronto vas a comprobar. No olvides nunca quién eres.

67
Falta de Humor

Solo Jesús haría una pausa, de camino hacía una muerte violenta, para gastar una broma:

"Es más fácil a un camello entrar por el ojo de una aguja que a un rico entrar en el reino de los cielos"

Por supuesto, él se está refiriendo a los ricos improductivos, desde luego. Aquellos que han dejado de reinvertir su dinero en los demás.

La creatividad, la espontaneidad y el simple buen humor parecen abandonarnos durante semanas de vez en cuando. Hay un modo fácil de haceros regresar.

En el transcurso de un solo día de nuestra vida, sea en el trabajo o en el hogar, vemos a la gente crear: canciones, libros, edificios, productos. Detente un momento para apreciar todo esto.

¿Quién lo habría pensado? ¡Qué delicioso es ver a alguien realmente bueno en lo que hace!

En pocos días volverás a estar de buen humor. ¡Protégelo!

68
Ansiedad

Los discípulos vieron a Jesús caminando sobre las aguas y empezaron a gritar aterrorizados pensando que era un espíritu maligno. Jesús les habló así:

"Ánimo, soy yo, no temáis"

Se están produciendo despidos en el trabajo, y me consume la ansiedad. Analicemos desde el discernimiento lo qué deberíamos hacer. ¿Empezar a mirar las ofertas de trabajo, por si acaso? O ¿trabajar aquellas horas extra que nuestro encargado nos reclama, solo para estar a buenas con él?

Tienes razón: solo es el truco de las dos malas opciones. Porque ninguno de estos planteamientos funciona. Ninguno de los dos funciona *siempre*. Admítelo. Lo único que, con toda seguridad, te ayudará a conservar tu trabajo es asegurarte de hacer cuanto esté en tu mano para ayudar a *tus* compañeros a conservar los *suyos*.

Aprende a ser inteligente, a ser inteligente sin ningún tipo de temor. Suena extraño. Pero también suena extraño todo lo que Jesús nos propone. Estamos tan acostumbrados a tener que elegir entre dos malas opciones…

69
Nerviosismo

Después de lo de Lázaro, Jesús dirige sus pasos hacia Jerusalén donde, según dice, morirá.

"Los discípulos estaban alarmados,
y los otros que venían detrás tenían miedo"

Nuestro nerviosismo es menos glorioso, pero igual de real. Mira a tu alrededor mientras vas en autobús de camino al trabajo. Vamos agitados, mordiéndonos las uñas, golpeando nerviosamente el suelo con el pie, mirando a los demás con el ceño fruncido. La vida nos pone nerviosos.

Aquí tenemos una buena muestra de algo que podemos afrontar, y después remediar.

Podemos afrontar nuestra ansiedad usando "la oración de la concentración". Visualiza en tu mente una imagen de Cristo, dulce y tranquilizadora. Haz que descienda desde tu cabeza hasta tu corazón, y después hasta la parte inferior de tu espalda, justo bajo la cintura. Haz que se quede allí, cálido y estable, durante todo el día. Tu inquietud disminuirá. La cura, no obstante, deberá venir de los demás. Observa a todos los que están nerviosos a tu alrededor. Aquella camarera parece nueva: dile unas palabras de ánimo. Las semillas que provocan tu propio nerviosismo se desvanecerán.

70
Desórdenes en la Atención

Todo el Nuevo Testamento está lleno de referencias a Cristo retirándose en soledad, buscando poder concentrarse en silencio, en lo alto de un monte o en un jardín tranquilo.

Nuestra familia oriental dice que encontrar un momento para el recogimiento es tan necesario como el comer.

En nuestro mundo moderno tratamos de relajarnos, pero esa clase de relajación no parece calmarnos demasiado: nos sentamos y empezamos a pelear con todos los canales de la tele sin ninguna determinación, navegamos incansablemente por la web; de repente, han pasado dos horas y no sabemos en qué las hemos invertido. Nuestros hijos no parecen capaces ni de concentrarse siquiera en una breve conversación.

Los desórdenes en la atención tienen una solución concisa y simple. Respetemos la necesidad que tienen los demás de encontrar su espacio de calma sin interrupciones. Deja que la cajera pueda concentrarse en terminar su última venta antes de hablarle. Deja de agobiar a los amigos con información inútil. Siéntate con alguien, pero en silencio, una vez a la semana.

La concentración tranquila regresará.

71
Vivir en el Pasado o en el Futuro

Cristo tenía la capacidad de convertir los desastres en triunfos. El líder de un culto insignificante es detenido, azotado y clavado en la cruz hasta darle muerte; y ocurre que durante los siguientes dos mil años, una gran parte de la humanidad lo considera como la mayor gesta de la historia.

Existe un demonio mental particular que nos mantiene anclados en el pasado, en los buenos tiempos del ayer. Cuando mi vida y el mundo iban bien. O, por el contrario, nos hace estar pendientes de la cita de esta tarde, en lugar de disfrutar con el invitado que tenemos al otro lado de la mesa ahora mismo, esta mañana.

Podemos pelear contra este demonio o, simplemente, cabalgarnos en su espalda y empujarle hacia nuestro objetivo.

Seguro que aquel novio que tenías en el Instituto era estupendo. Adelante, disfruta con este recuerdo. Pero mientras lo haces, reflexiona en el hecho de que no apareció accidentalmente. Las semillas que le hicieron llegar estaban en ti. Semillas plantadas al resistirte al acto del enfado.

Sal de este recuerdo renovada e inspirada. Adelante, haz planes para el futuro: mantente serena hasta que la maravilla vuelva a aparecer.

72
Pena

Dice Jesús:

> "Sígueme y deja que los muertos
> sepulten a sus muertos"

Perdemos a alguien cercano. He aquí cómo afrontar ese dolor para poder curarlo.

La familia oriental dice que nuestras mentes son particularmente vulnerables cuando sufrimos. No es el momento para dejarnos llevar por las emociones, o sucumbir al morbo de lamernos las heridas. Busca la compañía de los amigos, pasea bajo el sol y el cielo azul.

Piensa que este es también un periodo para afrontar la verdad. La vida es traicionera y, sin aplicar un tipo de conocimiento como el que Cristo nos entregó, resulta una empresa francamente fútil.

La muerte de un ser amado puede proporcionarnos un nuevo sentido de cual es nuestro propósito, un sentido de urgencia. Jesús afirmó que la muerte podía ser superada, literalmente.

No dejes que mueran en vano. No te conviertas un muerto viviente. A ellos les debes que tu visión de la muerte pueda cambiar. Termina este libro.

73
Obsesión:
Comida, Sexo y Pertenencias

Un hombre le preguntó a Cristo qué podía hacer para ganar la vida eterna. Jesús le aconsejó desprenderse de sus posesiones.

El hombre se fue, sacudiendo la cabeza. Ya no volveríamos a oír hablar de él.

La comida es una necesidad, no hay razón para no consumirla y disfrutar con ella. La intimidad y la ternura con otra persona son preciosas joyas que llenan de luz nuestros días aquí. Un abrigo de calidad y buen corte se convierte en un amigo que te protege durante años. Pero hay otra manera de relacionarse con la comida, el sexo y las pertenencias. Una especie de ansia que nos hace devorar una bolsa de patatas fritas sin *disfrutar* siquiera de la experiencia.

Tómate tu tiempo para cocinar una deliciosa y saludable comida para otro. Muéstrate sinceramente interesado en como le va la vida a alguien: pregúntale por su trabajo, y escúchale. Piensa a quién le vendría bien un sincero y modesto regalo de ropa.

La obsesión acaba por convertirse en un honesto placer.

74
Adicción

Dice Jesús:

"Amarás al prójimo como a ti mismo"

El alcohol, las drogas, y otras formas de adicción han estado presentes en la sociedad desde que el hombre es hombre. Hace miles de años que nos venimos esforzando por encontrar soluciones. Visto bajo la óptica de la memoria más profunda, no resulta nada sorprendente que el programa más efectivo para que una persona supere su adicción sea orientar y apoyar a otra. Solo amando a un semejante como nos amamos a nosotros mismos, solo procurándole aquello que nosotros buscamos, podemos liberarnos de este demonio específico.

Haz que todo el proceso sea muy consciente. Desde lo más profundo de tu ser, cada día, debes encontrar un minuto para revisar esta verdad: Solo me curaré si ayudo a otra persona a curarse.

Después haz algunas averiguaciones e incorpórate a un proyecto en el que puedas ayudar a otras personas a superar sus adicciones. El Señor sabe que somos muchos.

75
Orgullo

Dice Jesús:

"Así, los últimos serán los primeros"

El orgullo es uno de aquellos demonios mentales de los que no tenemos consciencia hasta que ha provocado el desastre. Es una mezcla interesante entre *desear* algo con ignorancia y, al mismo tiempo, *detestar* algo de un modo estúpido. Queremos ser famosos, queremos ser el centro de todas las miradas, queremos ser los protagonistas del espectáculo. Y si ocurre que otra persona conquista posiciones o recibe halagos, nos sentimos ofendidos y amargados.

No está mal querer ser el mejor, así podremos ayudar de verdad a los demás. Pero, para llegar a ser los mejores, debemos actuar con inteligencia. Es una empresa difícil, pero nos depara mucha diversión una vez empezamos.

Cuando tengas la oportunidad de ser el centro de atención, pon a alguien de tu confianza bajo los focos, y colócate en un segundo plano. Adiéstrate en dejar hablar a los demás; presta atención, honestamente, a lo que puedas aprender.

Comprobarás que le gustas más a la gente. Y también te seguirán, para esto están las semillas.

76
Pérdida de Fe

"Y tras el bocado entró en Judas Satanás"

Vemos o escuchamos algo en nuestra congregación (la iglesia) que quiebra nuestra fe. Llegamos incluso a plantearnos abandonarla. Aquí tenemos algunos consejos que nos ayudarán a afrontar esta situación, y la cura para este destructor demonio mental.

Si nos paramos a pensarlo, renunciar a nuestro propio sendero espiritual solo porque alguien no ha sabido seguirlo debidamente, no tiene ningún sentido. El sendero no tiene la culpa —sigue siendo una buena vía para llegar a donde queremos llegar. No vamos a dejar de conducir nuestro vehiculo porque nos enteramos de que alguien ha siniestrado el suyo conduciendo de forma irresponsable.

Sin embargo, la cura es una píldora difícil de tragar. ¿Tenemos la fuerza e inteligencia suficientes para hacerlo? Todas las actitudes que percibimos en las demás personas —y, muy particularmente, las conductas que más detestamos— vienen de nuestra memoria más profunda, de algo que nosotros mismos hemos hecho antes. Los defectos de los demás son un reflejo de los nuestros propios.

Desenraicemos, pues, toda traza de esta debilidad en nosotros mismos. El modo en que experimentamos nuestro templo, de repente, puede transformarse en puros rayos de sol.

77
Egoísmo

Dice Jesús:

"Este es mi mandamiento:
que os améis unos a otros como yo os he amado"

Sinteticemos este nuevo sendero hacia la felicidad transmitido por Jesús y alumbrado por la tradición Oriental de Tomás.

Los diferentes demonios mentales que arruinan nuestra felicidad se apoyan en el hecho de que nos gusten o nos disgusten las cosas de un modo ignorante. Cuando queremos algo, no nos afecta herir a otros para conseguirlo. Si detestamos algo, tampoco nos importa herir a quien sea para apartarnos de ello.

Estas dos actitudes, no obstante, solo reportan desgracias porque quebrantan la regla que rige el mundo: Solo podemos disfrutar de lo que antes hemos proporcionado a los demás, porque todo se crea en nuestra memoria más profunda – con las semillas plantadas cuidando a los demás, o ignorando sus necesidades.

El acto del egoísmo se convierte, pues, en el más estúpido de cuantos podamos llevar a cabo; nos perjudica tanto a nosotros como a los demás.

En su lugar, amémonos unos a otros, con la misma sabiduría luminosa con que Cristo nos ama.

Libertad

78
Liberarnos de lo Inútil

Dice El Eclesiástico:

"Yo miré todas las obras que se hacen
debajo del sol; y he aquí, todo ello es vanidad
y aflicción de espíritu"

Gozamos de un cuerpo sano y fuerte; todas nuestras necesidades físicas están cubiertas. Iniciamos una relación sentimental y, por fin, nos sentimos felices de verdad.

Hoy en día, el gran número de matrimonios acaban en amargos divorcios es una dolorosa realidad. Aunque, quizás es aún más doloroso ver a una pareja que ha luchado durante años por convertirse en un solo ser –y lo ha conseguido– separados uno del otro por la llegada de la muerte

Cualquier intento de evitarlo resulta completamente inútil. La felicidad está siempre condenada a malograrse. No podemos ni siquiera conservar nuestra propia carne; al final, nos habremos de separar incluso de nuestro nombre.

Hasta que nos liberemos de la muerte, nada tiene mayor sentido.

79
La Mentira de la Metáfora

Dice Jesús:

> "En verdad, en verdad os digo
> que si alguno guarda mi palabra,
> no verá jamás la muerte"

Dice así:

> "Los justos tendrán la vida eterna"

No cabe duda de que uno de los grandes logros del diablo, desde los tiempos de la crucifixión hasta nuestros días, ha sido conseguir que estas palabras acabaran por convertirse en pura metáfora.

Cristo no quería decir que la gente realmente buena puede llegar a vivir para siempre, pero sólo después de haber sufrido el trance de la muerte. Y que, a continuación, ascienden a un lugar indefinido para, de algún modo, sentarse alrededor de Jesús hasta el fin de los tiempos.

No era esto lo que quería decir Jesús con aquellas palabras. Lo que quería decir realmente era que podemos detener la muerte misma, y darle a la vida un sentido último.

La enseñanza sobre cómo hacer esto posible aún se mantiene clara y firme entre los seguidores de la rama oriental de nuestra familia cristiana.

80
La Enseñanza Viva

Dice Jesús:

"Pasarás desde la muerte a la vida"

Nos adentramos ahora en uno de los capítulos más importantes de este pequeño libro: las enseñanzas sobre cómo superar la muerte, la enseñanza sobre la vida eterna. Estas instrucciones y las que vienen a continuación –sobre *cómo administrar* nuestra vida eterna– siguen aún vivas en las montañas nevadas.

Cursar estudios en un monasterio tibetano hoy día es prácticamente igual que hace mil años. ¿Por qué cambiar algo si funciona? Se estudian cinco grandes temas. Para un arqueólogo de escrituras antiguas, suponen un delicioso registro histórico que explica cómo el conocimiento de la vida llegó a Oriente.

El primer tema se llama *Disciplina*. Se trata de una gran recopilación de líneas directrices procedentes de los remotos días del budismo, hace 2500 años, sobre cómo ser una buena persona. Las normas se parecen mucho a nuestras propias enseñanzas más antiguas, el Viejo Testamento: "No matarás" –y, como hemos visto, juega un papel crucial a la hora de mantenernos fuertes y sanos.

Pero ni aquí, ni tampoco en el Viejo Testamento, nos da la sensación de se haya explicado con claridad *cómo funcionan* realmente. No aparecen grandes explicaciones acerca de la memoria más profunda: acerca de *cómo* las semillas regresan a nosotros.

El segundo tema de estudio se llama el *Arte del Razonamiento*: cómo discurrir correctamente. Este tema es vital, pues una parte importante del mundo espiritual está más allá de nuestros sentidos físicos. Explorar el reino de la muerte no es como comerse una manzana: al principio, debemos abrirnos camino con los ojos de la deducción. Aquí apreciamos claramente la influencia de los griegos, de la época en que Alejandro Magno se abrió paso hasta la parte occidental de la India, en la tierra de Taxila, 320 años antes de Cristo. Cuando Alejandro Magno se embarcó hacia las conquistas, en aquel periplo que duraría doce años, se llevó consigo a un escriba cuyo nombre era Kallisthenes, para que sus compatriotas tuvieran constancia escrita de sus hazañas a su regreso. Kallisthenes era el sobrino del Maestro de Alejandro; y éste Maestro no era otro que Aristóteles, el mayor experto en lógica que ha dado la historia.

A lo largo de los cinco siglos siguientes, mientras los Reyes Griegos siguieron floreciendo en la India hasta acabar formando parte de la población local, el rigor y la sistematización Aristotélica penetraron en el pensamiento indio. Se instalaron también en el Tíbet, donde incluso hoy los particulares sombreros que se usan durante los debates filosóficos públicos, se inspiran en los cascos con plumas utilizados por los soldados griegos y romanos.

El tercer tema de estudio monástico se llama *El Conocimiento Más Elevado*. Está basado en un libro llamado *La Casa del Tesoro*, escrito por un sabio indio llamado Vasu Bandhu. El libro representa un hito importante en nuestro linaje espiritual, ya que el Maestro Vasu Bandhu lo compone coincidiendo con el momento histórico en que aquella nueva onda que propone un amor superior inunda la India, siguiendo la estela de Santo Tomás y otros.

Vasu Bhandu se mueve entre los dos principales focos espirituales : la Taxila de Tomás, en Occidente, y Nalanda, en Oriente, viajando con frecuencia de uno a otro. Escribe *La Casa del Tesoro*, una especie de enciclopedia que recoge la situación en que se encuentra el conocimiento espiritual en la India antes de la llegada de la nueva onda; advierte los cambios radicales que se avecinan y, en cierto modo, sella el pasado. La Casa del Tesoro ofrece mayores explicaciones acerca de las semillas en la memoria más profunda, pero se queda corto en sus indicaciones sobre el funcionamiento de esta memoria en detalle.

El cuarto tema se llama la *Perfección de la Sabiduría*. Ahora llegamos a la parte más trascendente de nuestro libro de historia espiritual, con ésta enseñanza que procede de la escuela de pensamiento llamada "Solo Mente". Para este movimiento, los escritos de Maestro Asanga, hermano de Vasu Bandhu, son de una importancia primordial.

Asanga es uno de los primeros en abrazar plenamente la nueva tendencia que promueve la expresión más elevada del amor. Sin sus claras descripciones de cómo todas las experiencias de nuestra vida emergen de la memoria más profunda, no podríamos abordar el enigma de la muerte.

Las explicaciones que ofrece el Maestro Asanga acerca de las imágenes mentales se parecen mucho al pensamiento de Platón, Maestro de Aristóteles. Los antiguos cristianos valoraban muy positivamente éstas ideas, considerándolas prácticas y útiles: en la biblioteca de Nag Hammadi, donde fue hallado por vez primera el Evangelio de Santo Tomás, el único material precristiano del que se tiene constancia es un fragmento de *La República,* de Platón. Las pocas páginas encontradas hablan del papel que juegan las imágenes mentales en el modo en que vemos el mundo; y de cómo nuestros propios actos afectan a estas imágenes.

No obstante, nuestra mejor baza en la batalla contra la muerte la encontramos en el quinto tema, llamado el *Camino Medio*. Unos seis siglos después de Cristo, la sabiduría de Oriente y Occidente se habían integrado por completo: se accedió a un estado de amor plenamente consciente de que *aquello* que amamos viene de *cómo* amamos.

Aquí aprendemos a permanecer en el centro del camino, sin caer en el abismo que se abre a ambos lados. Respecto a la muerte, por ejemplo, nos damos cuenta de que no es lo que parece: no es un hecho invariable "allí afuera" –incluso la muerte viene según haya sido nuestro comportamiento con los demás en el pasado. Evitamos así caer en un lado del camino.

Y este mismo hecho nos mantiene apartados del abismo en el otro lado: la idea errónea de que, si algo viene de mi propia memoria profunda, de algún modo es menos que real; pues la muerte es algo a lo que debemos que enfrentarnos necesariamente.

Esto pues era la postura de la sabiduría cristiana dentro de su contexto oriental hace mil años, cuando sabios como Kamala Shila atravesaron el Himalaya, y llegaron hasta Tíbet desde Nalanda. Allí la enseñanza fue preservada para que nosotros pudiéramos beber de ella: un cáliz del agua de la vida eterna.

81
El Cuerpo se Mata a sí Mismo

Dios le dijo a Adán:

"Polvo eres y en polvo te convertirás"

La familia oriental nos dice que nunca podremos vencer a la muerte si antes no estamos realmente convencidos de que *vamos* a morir. La dificultad estriba en que ninguno de nosotros asume de verdad que morirá.

De modo que, cada día, detengámonos un ratito para hacer una breve oración, una que los tibetanos llaman "oración para solucionar problemas". Sirve para convencernos de algo de lo que todavía no estamos muy seguros, y lo hacemos siguiendo mentalmente la lógica del tema en cuestión.

¿Voy a morir? ¡Venga! Mira el mundo a tu alrededor. Los ricos mueren, los poderosos mueren, los jóvenes sanos mueren, y así será siempre. ¿Qué nos hace pensar que vamos a ser una excepción?

Podríamos encerrarnos en una cámara sellada y esterilizada. Podríamos acomodarnos en su interior, alimentándonos a base de comida orgánica y vitaminas. Incluso podríamos hacer ejercicio regularmente.

Pero, aun y así, el cuerpo mismo nos mataría. Si nada externo a nosotros nos mata, nuestro propio cuerpo acabará haciéndolo desde el interior; es un traidor a sí mismo. Hemos nacido para morir.

82

Moriré Hoy

Isaac dijo:

"No sé el día de mi muerte"

Existe un poderoso demonio mental que todavía no hemos mencionado: la idea de que moriré, pero será algún día muy *lejano*. No será hoy. Nos escondemos detrás de las estadísticas. Éstas nos dicen que la esperanza de vida está —digamos— en setenta años. Yo todavía soy joven, de modo que no moriré hoy.

Aplicadas al individuo —aplicadas a ti o a mí— las estadísticas no sirven para nada. ¿Y que ocurre si yo soy el que se muere a los treinta, para equilibrar el dato de que otros tantos mueren a los noventa?

Las mismas cosas de que disponemos para proteger la vida pueden matarnos en cualquier momento: nuestro coche, nuestra casa, la comida que comemos. La muerte no respeta ningún orden: hay niños que mueren ante los ojos de sus padres. Cuando llegue el momento, ninguna cantidad de dinero, ni medicina, ni cirujano, conseguirá mantenernos con vida.

Es mucho mejor que decidamos: Moriré hoy. Algún día será verdad. Esta conclusión nos exige ponernos en marcha y hacer algo al respecto, mientras aún nos queda tiempo por delante.

Mientras Sujetan Nuestra Mano

Jesús entró en la casa de una familia cuya hija de doce años acababa de fallecer.

"Y vio el alboroto y a los que lloraban
y lamentaban mucho"

Mientras pasamos por trances difíciles en la vida, contamos con la bendición de ciertas ayudas, conservamos determinadas cosas que nos confortan. Por duras que sean las circunstancias, gozamos del apoyo incondicional de nuestra familia y amigos.

El simple acto de poseer –una casa, un coche– el simple acto de ir a comprar alguna cosa, lo que sea, nos proporciona un status; una estabilidad de algún modo, nos convierte en "alguien".

Pero, el día de nuestra muerte, todo este soporte desaparece de un plumazo. Los amigos y la familia rodean nuestro lecho, nos sujetan con fuerza las manos, pero no pueden evitar nuestra marcha, nos vamos solos, desnudos, como el día en que vinimos al mundo.

84
El Cuerpo Depende de la Mente

Dice Jesús:

> "No temáis a los que matan el cuerpo,
> pero no pueden matar el alma"

De modo que vamos a morir. Absolutamente nadie puede acompañarnos; no podemos llevarnos ni un puñado de nuestro dinero, ninguna de las pertenencias a las que les hemos dedicamos la vida entera significan nada para nosotros ahora.

Pero ¿Habrá algo que continúe? Otro logro reciente del Diablo: esta visión sofisticada y brillante que consiste en hacernos creer que nosotros cesamos cuando el cuerpo cesa. Es cómo asegurar que el conductor ha muerto solo porque vemos su coche averiado.

Si la mente no fuese nada más que el cerebro –si la mente se apoyara en el cuerpo del mismo modo que un bol de fruta descansa encima de una mesa– entonces, si se podría afirmar que desaparecemos el día en que nuestro cuerpo muere.

Pero ya hemos visto que este no es el caso. *El cuerpo se apoya en la mente.* Como todo a nuestro alrededor, nuestro cuerpo es algo que experimentamos debido a las semillas que maduran en nuestra memoria más profunda, según el grado de cuidados que les hayamos dedicado a los demás en el pasado.

Cuando las semillas que nos hacen vernos a nosotros mismos de una forma determinada se debilitan –como les ocurre a todas las semillas– son reemplazadas por otras semillas, por otras formas. Por consiguiente, continuamos después de la muerte.

85
Una Mayor Libertad

En el Nuevo Testamento, Jesús nos advierte del infierno diez veces por lo menos. Pretender que se trata de una metáfora es, una vez más, el espejismo fabricado por toda una cultura que trata de fingir que la muerte misma no existe.

Seguimos más allá de la muerte, y el curso de experiencias que recorreremos en la siguiente etapa de nuestra vida dependerá por completo, otra vez, de las semillas plantadas en el presente: *de si hemos cuidado o no a los que nos rodean.*

Una mujer encinta ingiere un poco de alcohol, o fuma un cigarrillo. Un simple peldaño en la cadena del ADN a nivel microscópico —una sola célula— es perjudicado. Y durante los siguientes cincuenta años, otro ser humano debe vivir con una terrible deformación.

Es inocente pensar que las consecuencias de una sola semilla negativa en la mente no dará fruto una vez hayamos cruzado el umbral de la muerte. Así pues, no es sólo de la muerte que debemos librarnos.

86
Recuerdos Desoladores

Dice Jesús:

> Os digo la verdad; os lo digo de verdad.
> Sois jóvenes; os vestís, y vais donde os place.
> Pero, pronto seréis viejos, y alargaréis vuestros
> frágiles brazos; para que otros os vistan,
> y os lleven adonde no queréis ir.

Deseamos liberarnos de la muerte y lo que sigue tras ella, tanto como del avance de la vejez.

La vejez no se presenta de un día para otro; no somos conscientes del proceso, aunque los que nos ven de año en año, ciertamente, lo notan.

Lentamente, las arrugas van quebrando el rostro. La piel se vuelve flácida y los músculos se debilitan. El pelo escasea, la vista, el oído y el intelecto, se van apagando poco a poco.

Este declive gradual nos convierte en criaturas frágiles y encorvadas, de cuya presencia el resto del mundo prefiere alejarse por temor a que les recuerde: También yo voy a acabar así.

87
Las Cosas se Destruyen

Del apóstol Santiago:

> "Sois como un hálito,
> que un momento aparece,
> y al poco se ha desvanecido"

Para comprender tanto el envejecimiento como la muerte, es necesario comprender, a un nivel más general, la muerte natural de todas las cosas.

El final de una cosa está implícitamente unido a esta cosa desde su principio. Las fuerzas que se juntan para crear algo, se aproximan a su fin en el mismo proceso de su creación. Por ellas mismas, todas las cosas creadas se destruyen, aunque nada ni nadie intervenga para acelerar el proceso.

Nuestro cuerpo y nuestra vida no son diferentes. Una vez más, están siendo producidos por cómo interactuamos con los demás. Cada acto amable hacía otra persona acrecienta la vida. La falta de un interés constante, intencionado y vehemente por el bien de los demás hace que el tiempo de vida que nos queda por vivir merme diariamente sin remedio.

88
Un Apunte sobre Ciencia

Tienes diez años. Dos amigos tuyos están haciendo un trayecto en coche. Su vehículo se estrella contra otro. Uno de tus amigos muere en el accidente. El otro sale ileso, sin un solo rasguño.

Le preguntas a tu madre, le preguntas a la ciencia: ¿por qué murió uno de mis amigos, y el otro se salvó?

— Porque se estrelló contra el parabrisas, que era más duro que su cabeza".
— Pero, mamá, *¿por qué* salio disparado del parabrisas?
— Porqué iba sentado delante cuando chocaron con el otro coche.
— Sí, pero *¿por qué* iba él delante?
— No lo sé, simplemente, él se sentó delante y el otro chico no. Y deja ya de hacer preguntas tontas.

No hagas más preguntas tontas. Esta es toda la repuesta que obtienes de tu madre, y también de la ciencia en nuestros días.

El avance actual de la ciencia nos describe con precisión *cómo* se produce todo el proceso de la vejez y la muerte.

Determinadas funciones corporales empiezan a deteriorarse afectando a otros sistemas, hasta que llegamos a cruzar un umbral irreparable. El organismo, como un todo, acaba apagándose.

Ni una palabra sobre *por qué* se desencadena el proceso a partir de un momento particular. En el caso de un accidente de coche, la relativa capacidad de resistencia de un cráneo en el momento del impacto, es superada por la fuerza repentina del ímpetu que provoca una colisión. Esto solo nos explica *cómo* murió Juan, no *por qué* murió. No nos dice *por qué* se sentó delante. Ni *por qué* el coche volcó en aquel preciso instante.

Pero, una ciencia verdaderamente exacta no puede omitir éste tipo preguntas que son determinantes respecto a *por qué* ocurren las cosas. El progreso actual de la ciencia representa una contribución extraordinaria a la sociedad; pero podría ir mucho más lejos, podría ser una explicación definitiva y absoluta de las cosas: una explicación que, al ser completa, podría abrirse paso para solventar incluso problemas extremos, como envejecer y morir.

Al final, éste maravilloso arte que es la ciencia, acabará incorporando un elemento ético: el elemento de la compasión. Veamos cómo.

La ciencia, tal y como se practica hoy, ya admite el papel que juega la percepción respecto a cómo funciona la realidad. Es decir, hemos llegado a un punto en el que constatamos que *el comportamiento de una partícula subatómica se ve influenciado por el acto mismo de nuestra observación*. La ciencia de hoy concibe una especie de realidad standard, que se ve alterada por nuestro acto de *observar*.

Esta idea se acerca bastante al concepto de la memoria más profunda que sobrevivió entre nuestros primos cristianos de Oriente. Y esto abre un campo de posibilidades fascinante. ¿Y si fuera cierto que nuestras percepciones no *sólo alteran* el mundo que nos rodea, sino que incluso *forman su contenido? ¿Y que ocurriría si este contenido viniera determinado por lo bien que hemos cuidado de los demás en el pasado?*

¿Te lo imaginas? ¿Puedes vislumbrar una clase ciencia completamente nueva y muy, muy avanzada? Una ciencia que explora, confirma, y luego normaliza a través de este glorioso método científico los actos de amabilidad requeridos –por ejemplo– para plantar semillas en la memoria más profunda que nos hicieran sostener indefinidamente la percepción de la vida.

Sería el fin de la vejez, el fin de la muerte. O si lo prefieres, Einstein conoce a Jesús.

89
Demonios Desatados que nos hacen Pedazos

Dijo Jesús:

> "Yo sigo mi camino
> Trataréis de venir conmigo,
> Pero moriréis con vuestros pecados
> No podréis ir adonde yo voy"

A un nivel inmediato, son nuestras propias emociones negativas —los demonios con los que peleábamos en la sección anterior de este libro— las que nos matan.

Nos dan muerte en aquella frontera difusa entre el cuerpo y la mente. La familia oriental traza un mapa extraordinario que describe el nivel más insondable de nuestro cuerpo físico. La verdadera energía de la vida fluye a través de canales que son cómo sombras sutiles de nuestras venas y nervios.

Vinculados a la energía de la vida que fluye por nuestro interior viajan los pensamientos, montados sobre la fuerza prodigiosa de la vida, igual que un jinete monta sobre su caballo. Cuando nuestros pensamientos se mueven, la esencia de nuestra vida se mueve también.

Cada vez que sufrimos una fuerte emoción negativa —cada vez que uno de los demonios mentales se apodera de nuestra mente— se produce una herida sutil en la energía interior que sostiene nuestra vida. Nos precipitamos hacía la muerte por el mero hecho de ser… infelices.

90
El Final de la Muerte

De nuevo, dice Jesús:

> "En verdad os digo que hay algunos
> de los aquí presentes que no probarán la muerte
> hasta que vean llegar en poder el reino de Dios"

Somos conscientes —dado que comprendemos cómo funciona la memoria más profunda— de que solo pensar positivamente no basta para hacerle frente a algo tan enorme como la muerte. A cada instante, miles y miles de semillas dentro de nosotros se encuentran en diferentes fases de su desarrollo. Algunas semillas se encuentran en etapas iniciales. Son como cemento húmedo, y aún pueden ser modificadas. Otras están listas para brotar en los próximos minutos de nuestra vida, y ya son casi como cemento duro.

Desafortunadamente, nuestra muerte forma parte de estas últimas. Llegados a este punto, nadie tiene que explicarnos cómo matar a la muerte. Vernos morir a nosotros mismos es, simplemente, como mirar la pintura de otro modo: la muerte no está *dentro* de nosotros, es algo que *vemos* que ocurre en nosotros.

Cambiemos las semillas, y ya no lo veremos de ese modo; es decir, no *ocurrirá* ese modo. Pero, va a ser un trabajo titánico.

91
No son Suficientes

Dice Jesús

> "Si vuestra justicia no supera
> a la de los escribas y fariseos,
> no entraréis en el reino de los cielos"

Hay algo que debemos tener muy claro, o la muerte nos atrapará. Plantar semillas dotadas con el poder suficiente para detener a la muerte no se consigue por el mero hecho de seguir el mandamiento del Señor "no matarás". Debemos, además, proteger la vida, preservar la vida, debemos convertirnos en grandes maestros en el arte de nutrir la vida, o no tenemos ninguna posibilidad.

La ley nos exige un determinado nivel de moralidad. Si le disparamos a alguien en el pecho, acabamos en la cárcel. Existe otro nivel de moralidad todavía más arraigad que nos imponen las costumbres. No nos encerrarán por bostezar sin taparnos la boca durante la cena, pero tía Jane que está sentada justo delante de nosotros, ciertamente, empezará a fruncir el ceño.

El gobierno, nuestros maestros, la escuela, nuestra iglesia, nuestros padres –todos ellos nos han transmitido diversas y, en ocasiones, contradictorias versiones de cuán lejos podemos llegar para proteger la vida.

No son suficientes.

Para derrotar a la muerte, debemos someter a examen todo lo que nos han enseñado, y tomar nuestras propias decisiones con respecto a esos límites. Esto debe convertirse en el propósito primordial de nuestra existencia, en caso contrario, nuestra vida llegará indefectiblemente a su fin, sin ningún sentido.

92

La Fuente de la Fuerza Necesaria

Jesús dice:

"Vosotros sois la luz del mundo"

De modo que tendremos que llegar a ese delicado grado de moralidad en el que detenemos un momento nuestro trabajo para recoger un lápiz del suelo, ante la remota posibilidad de que alguien resbale por su culpa, y se caiga. En que dejamos de usar el teléfono móvil mientras conducimos —aunque esté permitido— porque honramos y respetamos la vida tan profundamente que evitamos cualquier cosa que pueda dañar a alguien.

Pero, todavía no es suficiente.

El siguiente paso es mirar más allá de los límites de nuestro mundo, y explorar el mundo de los demás. ¿Cómo puedo contribuir a mejorar la seguridad y la vida sana en mi vecindario; en mi ciudad, en mi estado, en mi país, en mi planeta?

Al final, nuestro temor individual a la muerte no será suficiente para mantenernos vivos. Un ser humano posee capacidad y recursos infinitos para hacer que las cosas ocurran, si realmente lo desea. Pero, todo ese esfuerzo solo para "mi" no merece la pena, y en lo más profundo de nuestro corazón lo sabemos.

No seremos capaces de poner el esfuerzo necesario, a menos que lo estemos haciendo por todos nosotros.

93
Sín Arrugas

Dios dijo:

> "Haremos al hombre
> a nuestra imagen y semejanza"

¿Qué aspecto tendrá nuestro cuerpo si conseguimos derrotar a la muerte? ¿Estamos destinados a pasarnos la vida eterna acumulando más y más arrugas?

Cuando nos refrenamos muy meticulosamente de hacer cualquier cosa que pueda herir a otro ser vivo; cuando salimos al mundo en busca de fórmulas que garanticen la salud y la longevidad de todos; entonces, estamos sembrando semillas especiales.

Cuando al observar nuestra mano vemos algo hecho de carne y huesos mortales, sucede lo mismo que cuando miramos una pintura: Si plantáramos las semillas suficientes veríamos una belleza infinitamente mayor.

Alcanzado este nivel, miraríamos nuestra mano y no veríamos piel sino luz. La estructura general de nuestras semillas hace que ahora siempre nos veamos con el aspecto de un humano —brazos, cabeza, y piernas— Pero, a partir de ese momento, estaríamos hechos de luz pura, seríamos eternamente jóvenes, seríamos la cosa más exquisita que se puede imaginar, y más aún.

No tengas miedo de sentarte de vez en cuando a imaginar cómo serás. Observa antiguas imágines de ángeles, o mira tu revista de moda preferida para tomar ideas. No hay razón para no empezar a sembrar.

94
Sobre los Milagros

Hacía las tres de la mañana,
fue hacia ellos caminando sobre el mar.

Si piensas en ello, llegar a ver nuestro cuerpo convertido en luz es solo la posible variedad de un milagro —es como aprender a ver que el agua es un elemento sólido y se puede caminar sobre ella.

Los milagros son reales. *No* son solo algo que acostumbraba a pasar en los tiempos remotos de la Biblia, y que ya no ocurre hoy día. Hemos dado la formula una docena de veces, pero nunca está de más volver a recordarla. La *humedad* no pertenece al agua más de lo que el término *maravilloso* pertenece a tu canción favorita (lo cual explicaría por qué para algunos no es una gran canción).

Incluso la propia cualidad que define algo —cómo la humedad del agua— surge de las semillas almacenadas en nuestra memoria profunda: según sea el grado de cuidados que les hayamos dedicado a los demás.

Esto significa que si nos ocupamos de nuestro prójimo lo suficiente podremos producir el milagro, y no solo el de la vida eterna, sino respecto a cualquier otra cosa: El poder reside en nuestro deseo incesante de ayudar a los demás.

95
La Página que le Falta al Periódico de la Mañana

Seis días después, Jesús tomó consigo a Pedro,
a Santiago y a su hermano Juan,
y los llevó a un monte alto a solas.
Y se transfiguró ante ellos;
su rostro se puso brillante como el sol,
y sus vestiduras blancas como la luz.

Ahora mismo, en tu mente debe estar hirviendo una pregunta crucial: Si Jesús enseñó un método para escapar de la muerte –para transformar el cuerpo en luz– ¿Por qué no vemos a ninguno de estos seres rondando por aquí hoy en día? Debe haber, por lo menos, *unas cuantas* personas en los últimos dos mil años que hayan tenido éxito en esta práctica. ¿Por qué no se manifiestan ante nosotros? Un artículo serio en el periódico de la mañana, con una buena foto… ¡Esto si ayudaría a millones de personas!

Independientemente de cuantas buenas semillas sean necesarias para *llevar a cabo* un milagro, se necesita prácticamente el mismo número de ellas para ser *testigos* de un milagro. Lo veremos a través un ejemplo fácil.

En cualquier lugar de la tierra, hay múltiples mundos en acción. La ciencia está explorando esta idea, aunque, de hecho, no hace falta ir más allá de nuestra cocina. Cuando, recién levantados, vamos a prepararnos nuestro café de la mañana, un mundo empieza en la cocina: un mundo humano. Pero, cuando entra nuestro perro, se manifiesta otro mundo. Dos mundos se superponen en el mismo espacio. Aunque debe admitirse que algunas partes de la cocina son vistas del mismo modo por mi perro y por mi. Por ejemplo, el espacio tiene cuatro paredes.

Pero, imagina que hay un bolígrafo en el suelo (tu no lo has visto porque ya lo habrías recogido para evitar que alguien resbalara con él). Para nuestro perro no es más que un palito que solo sirve para mordisquear. A nuestros ojos, es un instrumento para escribir –un instrumento potencialmente muy valioso que puede hacernos llegar a mucha gente.

¿Quién tiene razón, en este caso? ¿Es este cilindro en el suelo un juguete para morder, o es un bolígrafo? *¿Qué es realmente?*

Ya conoces la respuesta. Es ambas cosas –o quizás ninguna–. Depende de quien esté observando. Un perro, sencillamente, no está equipado –le faltan las semillas– para percibir un cilindro como algo con que escribir. *Pero esto no significa que no haya un bolígrafo en el suelo.*

Desde luego, a lo largo de la historia ha habido personas que han seguido las enseñanzas de Cristo meticulosamente, y han conquistado la vida eterna. El mismo Jesús afirmo que algunos de sus discípulos alcanzarían este objetivo en un espacio de vida. El hecho de que nosotros –los que no hemos aplicado el trabajo necesario– seamos incapaces de ver aún a estos seres no debería sorprendernos, y resulta casi reconfortante: si un perro, de repente, agarrara un bolígrafo para escribir a un amigo, rompería las reglas que hacen que sea posible un estado más allá de la muerte

Solo tres de sus discípulos fueron lo suficientemente buenos para atestiguar la transformación de Jesús en la montaña. Que no nos dejen atrás.

96
El Significado
no se Encuentra en las Palabras

Dice Jesús:

> "Tenéis orejas pero no oís"

Quizá aquí se nos plantea una última cuestión: puede que nos falte mérito suficiente para conocer a uno de estos seres de luz. Pero, ¿por qué en todos estos años no ha aparecido, al menos, algún testimonio o informe fiable sobre dichas personas?

Esto nos conduce a una pregunta muy profunda sobre la naturaleza misma de las palabras. Si ni siquiera el agua es húmeda –por y en sí misma– quiere decir que el sentido de las palabras también viene de nuestro lado. Jesús era perfectamente consciente de ello y, en repetidas ocasiones, dice en los evangelios que: "sólo aquellos que tienen orejas escucharán lo que digo". Por cada persona que captaba la idea de una de sus parábolas, debía haber docenas que se alejaban sacudiendo la cabeza y quejándose de que no habían ido hasta allí para escuchar las historias de un simplón.

Es posible vivir en un mundo lleno de seres divinos –es posible estar rodeado de gente que trata de decirnos cómo convertirnos en un ser santo– y, aún así, no ser conscientes de que el palito del suelo es un bolígrafo. Cómo cruzar éste umbral, cómo entrar en contacto con estos seres de luz, es una parte importante de la última etapa en la que todos necesitamos adentrarnos. La llamamos, sencillamente, el logro.

Logro

97
Destino

Dice Jesús:

> "Sed, pues, perfectos,
> como perfecto es vuestro Padre en el Cielo"

¿Por qué hemos nacido? ¿Qué se supone que hemos venido a hacer a este mundo? ¿Habremos vivido de verdad si nos dedicamos solo a trabajar, comer y morir? Tú sabes cual es la respuesta; la intuyes, desde siempre.

Las películas de ciencia ficción y las novelas nos cuentan más cosas de nosotros que la prensa diaria. La trama siempre es similar. Un tipo malo, aparentemente invencible, aparece y amenaza al planeta. Y, una sola persona (nosotros) que ni es tan valiente, ni es tan fuerte, movida por una fuerza insospechada y una gran capacidad de auto sacrificio, se las arregla para salvar al mundo.

¿Por qué se siguen haciendo películas así? Porque nos encantaría que se hicieran realidad. *Sabemos* que se harán realidad.

Hemos nacido para salvar al mundo, todos nosotros. Es nuestro destino, y la familia Oriental de Jesús nos ayuda enseñándonos a consumar este destino.

98
Infinito

D ice Jesús:

> "Y Él enviará a Sus ángeles con un gran
> sonido de trompeta, y ellos reunirán a
> Sus escogidos de los cuatro vientos,
> desde un extremo del cielo hasta el otro"

El poder de una semilla queda restringido a los límites de la acción que la plantó. Hacer el bien solo a nuestros amigos o familiares produce un resultado determinado. Hacer extensivo el bien a los extraños, e incluso a los enemigos, cosecha un resultado mucho mayor.

Pero, queremos salvar al mundo entero. De modo que el bien debe ser infinito.

Se cuenta una fábula en el Tíbet, acerca de una rana que creía que el pozo en el que ella vivía era el mundo. Un cuervo amigo suyo trataba de hacerle entender que estaba equivocada y, para demostrárselo, un día se la llevó hasta la orilla del mar. Cuando la rana puso sus ojos en el agua infinita, su cabeza estalló.

Nosotros no tenemos excusa: sabemos más que la rana. El número de estrellas que vemos dentro de un palmo de cielo, visto desde un telescopio moderno, sube a decenas de miles. En el universo coexisten incontables mundos, incontables mundos en los que hay vida.

Es del todo imposible plantar las semillas necesarias para salvar al mundo si no nos detenemos a pensar cuán grande llega a ser el mundo, todo el universo. No, a menos que otorguemos a nuestros buenos actos la clara motivación de querer ayudar a todas las criatura de este mundo inmenso. Cuando la acción es infinita, la semilla es infinita. Hay un truco: Tiras unas migajas de pan en el suelo para el jilguero que pasa por allí. Cierras los ojos, e imaginas que estás alimentando a cada criatura en el universo.

Y, así, el día llegará…

99
Todos y Cada Uno
de los Rostros

Vio Dios cuánto Él había hecho,
y todo estaba muy bien.

Hacemos de ello nuestra oración patrón, tanto en la iglesia como a cada momento del día: dedicamos toda nuestra actividad para el beneficio de cada uno de los seres conscientes, los que vemos y los que son invisibles. Así se plantan semillas de un alcance ilimitado.

Y un día maduran, lo hacen en un momento especial, quizá mientras rezamos. Con los ojos cerrados, vemos directamente el rostro de cada criatura viva —no solo de este mundo, sino de cualquier mundo posible. Todo en un solo instante. Estamos vislumbrando aquello en lo que nos convertiremos, y contemplando a aquellos por quienes lo hacemos.

¿Puedes siquiera imaginar cómo será la vida después de este momento glorioso?

100
Deslizarse hacia el Cielo

*Entonces los ojos de los discípulos se abrieron
y lo reconocieron, pero él había desaparecido
de su vista.*

Piénsalo detenidamente. ¿Cómo crees que puede pasar? ¿Subes al Cielo, así, sin más? Empiezas a cruzar la calle, miras un segundo hacia arriba y, de repente, un camión se te echa encima. Al instante siguiente ya estás rodeado de ángeles vestidos de blanco.

Normalmente, no ocurriría de este modo. Algo tan grande como el Cielo no se construye en un día. Viene hacia nosotros gradualmente, porque el progreso derivado del trabajo bien hecho, es gradual. Recibimos señales, indicaciones, de que las cosas están yendo como nos decían que irían respecto a las semillas, y esto nos inspira para seguir trabajando incluso con mayor intensidad.

Digamos, por ejemplo, que estamos trabajando con las semillas porque queremos conseguir seguridad económica.

Al principio no nos convence en absoluto esta teoría de la memoria más profunda, eso de que las semillas y el modo como tratamos a los demás regresan para crear nuestro propio mundo. Pero, de nuevo, vemos que encaja perfectamente con lo que Jesús enseñó —es una forma más detallada de explicar cómo funcionan las buenas semillas— de modo que vamos a probarlo, a pequeña escala. Cogemos el diez por ciento de nuestro salario, lo ponemos aparte cada semana durante un mes, y después buscamos a alguien que, de verdad, lo necesite.

Esto no significa extender un cheque a nombre de la Cruz Roja para que otro nos haga todo el trabajo, y quedarnos con las semillas. Significa ir personalmente a comprar la comida, cocinarla y servirla con nuestras propias manos a los que tienen hambre. Un par de semanas más tarde, de improviso, nuestro avaricioso jefe nos ofrece un pequeño aumento de sueldo.

¡hmm! Quizás son las semillas, o es pura casualidad. Pero, definitivamente, merece la pena explorarlo. Somos más generosos, ponemos más dinero y también nuestro corazón en ello.

Y así, seis meses después, el Señor Avaricioso nos concede un ascenso, un buen aumento de sueldo y una semana extra de vacaciones.

Esto se está poniendo serio. Seguimos dando. Aunque no demasiado, ni demasiado pronto: seguimos el curso natural de las cosas, a medida que veas resultados. Así no abandonarás si sufres una decepción o un retraso. Si Jesús aparece, pero, vuelve a desaparecer de pronto, es debido a que nuestras semillas no son aún lo suficientemente fuertes.

Poco tiempo después posees la mitad de la empresa. Esto te proporciona más recursos para seguir expandiendo tu generosidad. Empiezas a moverte a escala nacional, y después a nivel internacional con tus proyectos humanitarios.

Justo llegados a este punto, las cosas van de lo sorprendente a lo imposible. La gente te regala tierras, te envía cheques que no has pedido.

Y tu mundo empieza a cambiar. Las personas a tu alrededor parecen más felices y, definitivamente, más prósperas. El mundo está cambiando a gran escala. La pobreza declina perceptiblemente, incluso en los países más pobres.

Estás empezando a deslizarte hacia el Cielo.

101
Encuentro con los Ángeles

Jesús se acerca a María Magdalena en la tumba y le dice: "Mujer, ¿por qué lloras? ¿A quién buscas?. Ella creyendo que era el hortelano, le dice: si tú te lo llevaste, dime dónde le pusiste, y yo le recobraré". Jesús, simplemente le responde: "María", y después, al instante, le ve como su Maestro.

Mientras el mundo a nuestro alrededor empieza a transformarse en un paraíso, también las personas que nos rodean se transforman en habitantes de este paraíso. Los que ya han desaparecido están de nuevo con nosotros, vibrantes y jóvenes.

En el transcurso de la vida, una progresión determinada de semillas han ido madurando en nosotros, y su rastro persiste. El nuevo nivel que adquieren nuestras buenas acciones —acciones ejecutadas en su calidad de infinitas, que pueden ir desde cocinar una buena comida en casa, o cerrar un buen trato en el trabajo— renuevan y transfiguran la imagen de todas y cada una de las personas que hemos conocido.

Estamos rodeados de ángeles; los vemos, nos guían para que sigamos avanzando. Mantén los ojos abiertos para reconocer al primero que se presente. Parecen estar encantados de hacerse pasar por camareros o camareras en bares modestos.

102
Encontrar a Dios

"Dios lo llamó desde el arbusto, diciendo: Moisés,
Moisés. Moisés contestó: Aquí estoy"

Para encontrarnos con Dios cara a cara necesitamos comprender algo a cerca de Su naturaleza. Su esencia, Su sustancia es el hecho mismo de que nosotros recibiremos el trato que dispensemos a los demás. Su esencia interna es el hecho de que ni un solo átomo de cualquier tipo de ser –físico, mental o espiritual– puede existir de otro modo.

De modo que podríamos decir que Dios es como una pantalla en blanco, y las leyes según las que el mundo se proyecta sobre ella, mezclados dentro de una persona de compasión y conocimiento infinitos.

Encontramos a Dios meditando en esta esencia.

Sólo en silencio completo podemos encontrarle

Cuando el silencio es suficiente, cuando comprendemos la esencia a la perfección; cuando la muerte y el dolor de aquellos que nos rodean nos han empujado lo bastante lejos para *querer* encontrar Dios, entonces lo habremos conseguido.

103
Encontrar a Jesús

Una vez más, el Señor dice:

> "Os doy un mandamiento nuevo:
> Amaos los unos a los otros; como yo os he amado,
> amaos los unos a los otros"

Encontrar a Dios –y ten por seguro que le encontrarás–, es alcanzar un hito, porque al poco tiempo ganamos el poder para salvar el mundo. Es decir, *alcanzamos* a Jesús.

Párate a pensarlo un momento, "alcanzar a Jesús" tiene un doble sentido. Uno de ellos es entrar en contacto con el Señor. El otro significa obtener en uno mismo las facultades del Señor: convertirse uno mismo en Jesús.

La rama oriental de la familia cristiana siempre ha contemplado el objetivo final de descubrir a Jesús en estos *dos* términos. Jesús vino a este mundo para conducirnos a nuestro objetivo final, que no es otro que aprender a hacer lo que Él vino a hacer a este planeta. Salvar al mundo. Salvar al universo.

Una preguntita curiosa: ¿Cómo puedo salvar un mundo que ya ha sido salvado? Y, si yo salvo al mundo ¿Qué mundo podría ser salvado por el resto de vosotros?

Acuérdate. Ya lo vimos antes. Cuando tres personas diferentes contemplan la misma pintura ¿cuántas pinturas diferentes hay en realidad?

104
La Transformación del Cuerpo

De nuevo Jesús dice:

"Donde están dos o tres reunidos
en mi nombre, allí estoy yo en medio de ellos"

Y lo decía literalmente. Una cosa es vivir en un cuerpo que no tiene que morir, y otra muy diferente es vivir en cuerpo que puede salvar el mundo —todos los mundos que existen.

Cuando tratamos de imaginar a Jesús sentado en el Cielo, no andamos tan lejos. Obviamente, el Señor posee una especie de "cuerpo-hogar", en el que vive el día a día —la imagen en el espejo de su propia bondad y semillas infinitas.

Este cuerpo vive en el esplendor, total magnificencia y belleza. Y se perpetúa viviendo hasta la eternidad ya que a cada instante el Señor lleva a cabo infinitas acciones para ayudarnos —"reinvirtiendo" así las semillas sin ni siquiera ser consciente de ello, y continuando en su estado de perfección. Las acciones que Jesús lleva a cabo —venir a un mundo como el nuestro, trayendo consigo esta luz de comprensión para salvar un planeta más— son efectuadas por sus otras formas: una variedad infinita de cuerpos, exactamente igual en número a las necesidades individuales de cada criatura viva en el universo.

105
Emanación

Segundo Libro de los Reyes:

"Y Dios fue visto sobre las alas del viento"

Todos compartiremos el cuerpo de Cristo: Llegaremos a poseer idénticas formas, idénticas habilidades para servir a los demás en todos los mundos. Es nuestro destino. Empezamos a intuirlo.

Si Jesús puede aparecer en su propia tumba como un hortelano, o como un extraño que se cruza en el camino con dos de sus discípulos, o incluso como el artesano que vende a su esclavo, Tomás; por supuesto que también puede (y nosotros también) emanarse o mostrarse bajo cualquier forma para ayudar a los demás a progresar a lo largo del sendero.

Es evidente que cualquier miembro religioso, nuestros padres, o alguno de nuestros maestros –personas que nos han tratado con una gran amabilidad a lo largo de nuestra vida, que nos han enseñado las grandes lecciones– pueden, en realidad, ser Jesús.

Y es imposible negar que las lecciones más valiosas que hemos recibido en esta vida vienen, probablemente, de aquellos que nos han herido. De modo que quizá son también Él.

Cristo aparece del modo más inesperado, si cabe, formas que solo podemos sentir en momentos de profunda emoción –la muerte de una madre, la pérdida del amor. Entonces, El nos roza con el aire, o con el sonido de las olas a la orilla del mar.

Desde luego, Jesús aparece en su forma clásica; pero sería de inocentes pensar que no se manifiesta, además, en infinidad de formas diferentes, las que sean necesarias. Quizás hay una persona en nuestra vida que es, de hecho, el Señor, quizás todos lo son.

El mero hecho de pensar en la posibilidad de que todo eso sea cierto, planta una semilla en nosotros para que seamos capaces de hacer lo mismo algún día. Y hace que la vida sea más divertida.

106
La Transformación de la Mente

Comenzó Jesús a manifestar a sus discípulos
que él debía ir a Jerusalén y padecer mucho,
ser llevado a la muerte y resucitar al tercer día.

Uno de los milagros que Cristo repite una y otra vez –tan a menudo que raramente se consideran cómo tal– es predecir, exactamente, qué ocurrirá en el futuro.

Porque ¿qué es el "ahora"? ¿Qué decide que el momento presente es… solo este momento, y no la mitad de este momento, o que se prolongue cien años?

Experimentamos el tiempo del mismo modo que experimentamos la belleza "en" una pintura; porque fluye desde nosotros, desde las semillas en nuestro interior que han sido plantadas por haber cuidado de los demás.

Si plantamos semillas infinitas –si cada pequeño acto amable que hacemos lo dedicamos, conscientemente, a ver colmado nuestro destino en incontables mundos, a conseguir los cuerpos de Cristo– entonces las limitaciones que suponen el espacio y el tiempo se alteran, fluyen desde nosotros.

Esto nos da una percepción directa continua e interminable de lo que cada ser en el universo necesita, por qué lo necesita y cómo complacerlo, todo a cada instante de nuestra vida. Elimina todas las limitaciones respecto a los lugares dónde podemos estar simultáneamente. El equipamiento perfecto para un siervo del mundo.

¿Qué Enseñarás?

"Y sin parábolas no les hablaba"

Cuando un Maestro habla utilizando solo parábolas, metáforas, deja su enseñanza abierta a muchas y diferentes interpretaciones.

En América había una gran cadena de joyerías con cientos de tiendas. Un día, decidieron cambiar el nombre a algunos de los establecimientos de cada ciudad y ponerles en su lugar un nombre británico que sonaba bien. Trasladaron sus piezas más caras a estas tiendas y dejaron las piezas más baratas en las viejas tiendas.

Después hicieron algo muy extraño. Mandaron aviso a las tiendas caras animándoles a colocar anuncios en la prensa y en la televisión de sus ciudades respectivas, criticando a las tiendas baratas de la misma empresa "¿Es que tu prometida no es lo bastante importante como para que le regales el *mejor* anillo de diamantes?"

Al mismo tiempo, las tiendas ahora baratas de la empresa fueron incitadas a lanzar anuncios atacando a las tiendas caras por sus precios abusivos. "¿Por qué pagar más?"

Los profesionales del ramo pensaron que era de locos —tiendas pertenecientes a la misma empresa atacándose entre sí. Pero, la estrategia despertó el interés del público y empezaron a tomar partido. Unos decían: "Yo no voy a tirar mi dinero" y otros: "Yo lo que quiero es calidad". El resultado final fue que la empresa duplico sus ventas de joyas.

No creas que gente del pasado como Jesús no vayan a implicarse en este tipo inteligente de marketing. Él quiere que obtengamos el diamante; no le preocupa cómo lo consigamos.

Imagínate a ti mismo pudiendo observar el mundo, tratando de diseñar una forma perfecta de cristiandad, o cualquier otra religión, para todos los que están ahí abajo. ¡Un día este va a ser tu problema! Y puede que, simplemente, elijas esta misma opción: tus distintos grupos de clientes necesitaran diferentes tipos de tiendas, cada una de ellas adecuada para hacerlos avanzar un poco más.

108
Pedir Ayuda

Decíamos al principio:

"Pedid, y se os dará"

Mencionábamos un tipo de oración llamada "oración de súplica". Y decíamos que es imposible embarcarse en el sendero que propone este libro —es imposible conseguir cualquier cosa, y mucho menos *tenerlo todo*— sin la presencia de un maestro vivo que nos guíe.

Podemos utilizar la oración de súplica para encontrar a este maestro. Suena cursi, pero funciona, porque trabajamos plantando semillas.

Cada noche, justo después de apoyar la cabeza en la almohada, a punto de dormirte, imagina tu cabeza descansando en el regazo de Cristo, en el hueco de sus manos.

Esas manos desprenden calidez; desprenden una relajante y suave luz dorada. Nos sonríe, está orgulloso de nosotros por estar dispuestos a emprender tan valerosa labor —*tenerlo todo*, para uno mismo y para los demás—. Nos cuidará en nuestro sueño, y durante todo el día siguiente.

Cuando el sueño está a punto de vencerte, pronuncia una pequeña oración: "Mi Maestro me ama. Por favor, ven a mi". Después duérmete.

Las semillas han sido plantadas; él vendrá, y lo hará del modo que sea más adecuado a cada uno de nosotros. Nosotros atraemos a nuestro maestro, y él nos atrae hacia el Cielo, hacia nuestro destino.

109
Una Fuerza Poderosa

De nuevo, Jesús dice:

"Todo es posible"

Un monje en un monasterio tibetano dedica unos veinte años al estudio de las cinco grandes materias, todas basados en textos que fueron escritos durante los años gloriosos, posteriores a la llegada de Tomás. Es un curso difícil y riguroso que solo acaban uno de cada diez, en el mejor de los casos.

Los exámenes finales, que empiezan años antes de la graduación, son especialmente abrumadores. Cientos de preguntas, procedentes de docenas de jueces, deben responderse de memoria, al instante.

Pero, tras todos estos años —dos mil después de que la nueva oleada de Amor invadiera Oriente— la última de las preguntas del último día, sigue siendo la misma.

¿Habrá un final para el dolor del mundo?

Te levantas y exclamas: "¡Sí!" El examinador se incorpora también, y te increpa: ¿Por qué? Y después con toda la fuerza de tus pulmones le devuelves las palabras: "¡Porque hay una fuerza poderosa!"

Y miles de voces empiezan a vitorear con alegría, porque todo el mundo sabe cuál es ese poder: Todas las cosas vienen de cuidar de los demás.

Acerca de los Autores

Gueshe Michael Roach creció en la Iglesia de Todos los Santos, de Phoenix, Arizona. Se graduó con honores en el Departamento de Religión de la Universidad de Princeton. Vivió alojado en la Fundación Cristiana "Procter", como miembro estudiante del comité responsable de revisar el libro de oraciones de la catedral. También recibió la "President Scholer Medallion", de manos del Presidente de los Estados Unidos en la Casa Blanca.

Justo antes de ingresar en el seminario, Michael, perdió repentinamente a tres miembros de su familia. Esta circunstancia le llevó a pasar más de veinte años estudiando en monasterios tibetanos, buscando ayuda para poder comprender el dolor y la muerte.

El descubrimiento de que las enseñanzas de Jesús llegaron al Tíbet a través del apóstol Tomás le proporcionó una llave capaz de salvar vidas.

Michael es el primer americano que ha obtenido el grado de gueshe, en las cinco grandes materias de estudio en un monasterio tibetano. Es miembro fundador de Andin International Diamond, una de las empresas de mayor éxito en Manhattan, y autor del best seller internacional, *El Tallador del Diamante*. Sus proyectos para ayudar a los refugiados tibetanos han amparado a cientos de familias.

El viaje espiritual de Chrstie McNally empezó a la edad de cinco años, cuando le preguntó a su madre: "¿Qué aspecto tiene Dios? Creció en Reseda, California, frecuentando las iglesias de Santa Mónica y Bethel, Trinity, y las parroquias de Notre Dame. También le atormentó la pregunta de por qué la gente sufre, y ello le llevo a estudiar en monasterios tibetanos y nepalíes en busca de la misma sabiduría procedente de Tomás.

Christie es profesora de estudios religiosos y traductora de tibetano y sánscrito. Sus trabajos han sido publicados por Double Day/Random House y otras editoriales. Es experta en textos para el Assian Classics input proyect. Asimismo es una popular conferenciante internacional sobre los vínculos entre las religiones del mundo.

Como pareja, Michael y Christie han explorado durante los últimos diez años, las maravillosas ciudades, los raros manuscritos y las tradiciones orales sobre Jesús y el Tíbet que son testigos de la misión del gentil Tomás en esas tierras. En 2003 completaron un retiro en silencio de oración solitaria en el desierto de Arizona.

Para saber más:
La Estrella de Oriente

Conseguir que estas nuevas ideas de la familia oriental de Cristo se arraiguen, costará tiempo. Llévate éste libro a todas partes, y lee algunos capítulos cada día durante unos meses; antes de la comida o del desayuno.

Existen además otros medios a tu disposición. Un grupo de personas de distintas nacionalidades, procedentes de distintas creencias, se ha unido para profundizar en las ideas de este libro. Hemos creado una fuente de información llamada Estrella de Oriente: SIE*.

Si mientras lees este libro, surgen en tu mente preguntas adicionales; si podemos compartir cualquier consejo práctico acerca de cómo adaptar estas ideas a tu propia vida, te invitamos a llamarnos, escribir, o enviar un correo electrónico a los contactos que encontraras más abajo.

Si te sientes particularmente inspirado por el libro y deseas profundizar –lo cual desde luego contribuye a que todo ocurra más deprisa– no seas tímido y haznos llegar una nota para que vayamos a dar una charla en tu zona. Tenemos un buen grupo de conferenciantes cualificados que pueden dirigir un coloquio en una casa o una iglesia; impartir un curso semanal o de fin de semana.

Si después de leer éste libro, te sientes aventurero, ponte en contacto con nosotros para ayudarnos en nuestro trabajo de investigación: Podrías terminar desplazándote con uno de nuestros equipos a las antiguas bibliotecas de Ladak o Mongolia, para descubrir más acerca de lo que has leído hasta aquí.

---

* SIE, iniciales en ingles de Estrella de Oriente (Star in the East).

Nada de esto es obligado, solo divertido: lo hacemos por amor, y hemos estado en toda clase de iglesias cristianas imaginables, desde una catedral de quinientos años de antigüedad en Irlanda, a un patio en la California rural.